ДѢТСКІЯ ПѢСНИ

I

СВѢЖЕЙ ПАМЯТИ

КОРМИЛИЦЫ И НЯНЮШКИ

ВАСИЛИСЫ ЗИНОВѢВНЫ

БАЮ БАЮШКИ БАЮ

1

Баю, баюшки, баю,
Баю милую дитё:
Ты спи-почивай,
Глазъ своихъ не раскрывай.

Баю, баюшки, баю,
Бай хорошую мою:
Ты спи—усни,
Угомонъ тебя возьми.

Баю, баюшки, баю,
Бай красавицу мою:
Сонъ да дрема́
Моей милой въ голова́.

*

Вы́ростешь большой,
Будешь въ золотѣ ходить:
Будешь въ золотѣ ходить,
Чи́сто се́ребро носить.

Чи́сто серебро носить,
Златомъ—се́ребромъ дарить.

*

У кота ли, у кота
Колыбѣлька хороша:
У мого̀ ли у дитяти
Есть получше его.

Приди, ко́тикъ, ночевать,
Мою Талю покачать:
Покачати дитю̀,
Прибаюкивати.

Сѣренькой кото́къ,
Приди въ гости ночевать:
Приди въ гости ночевать,
Мою милую качать.

Ужь какъ я тебѣ, коту,
За работу заплачу̀:
Дамъ кувшинъ молока
Да конецъ пирога.

Ужь ты ѣшь, не крошѝ,
Больше, ко́тикъ, не проси.

*

Покачаю я дитю̀,
Прибаюкиваю:
Ангели хранители
Покройте его!

* *

2

Баю, баюшки, баю
Баю милую дитю:
Моё милое дитя
Накричалося вопя́.

Ты спи-усни,
Угомонъ тебя возьми:
Сонъ да дрема
Моей милой въ голова.

Ты спи по ночамъ
И расти по часамъ:
Выростешь большой,
Будешь въ золотѣ ходить.

Будешь въ золотѣ ходить,
Чисто серебро дарить:
Своимъ нянюшкамъ,
Своимъ мамушкамъ.

А сестрицамъ своимъ,
Всѣмъ по ленточкамъ:
И по ленточкамъ,
Да по платьицамъ.

У кота ли, у кота
Колыбелька золота́:
У дитяти моего
Есть покраше его.

У кота ли, у кота
Периночка пухова́:
У мого ли у дитяти
Да помягче его.

У кота ли, у кота
Изголо́вья высока́:
У дитяти у мого
Да повыше его.

У кота ли, у кота
Одѣяльца хороша́:
У дитяти моего
Есть получше его.

У кота ли, у кота
Занавѣсочка чиста́:
У мого ли у дитяти
Есть почище его.

Есть почище его
Да покраше его.

*

Приди, котикъ, ночевать,
Мою милую качать:
Ужь какъ я тебѣ, коту,
За работу заплачу́.

Вы коты́, коты, коты,
Коты — сѣрые хвосты:
Собиралися,
Любовалися.

У кота ли, у кота,
Кота сѣренькаго,
Кота сѣренькаго
Лапки ме́ленькія.

Лапки меленькія,
Глазки сѣренькіе.

У мого ли у дитяти
Личко бѣленькое:
Глазки сѣренькіе,
Ручки бѣленькія.

*

Лю́ли, лю́люшки, люли́,
Прилетѣли къ намъ гули:
Гу́ли гу́люшки
Сѣли къ лю́люшкѣ.

Они стали ворковать,
Мою дитятку качать:
Мою милу величать,
Прибаюкивать.

Они стали говорить:
«Чѣмъ намъ милую кормить?
«Чѣмъ намъ милую кормить,
«Чѣмъ намъ дитятку поить?»

Кормить па́пкою,
Поить мамкою;
Кормить его пирожкомъ,
Поить его молочкомъ.

*

Моё милое дитя
Богородица дала:
Спи со ангелами,
Со архангелами!

Закачиваютъ малютку.

Ла́душки, ладушки!
Гдѣ были? У бабушки.
Что ѣли? Кашку.
А что пили? Бражку.
Кашка масле́нька,
Бражка сладе́нька,
Бабушка добре́нька.
По́пили, поѣли,
Домой полетѣли,
На головку сѣли,
Ладушки запѣли.

Какъ запоютъ, возьмутъ у дитяти обѣ ручки и хлопаютъ ими тихонько въ ладоши; а какъ полетятъ домой, тогда разведутъ ручки и подымутъ ихъ на головку дитяти.

4

Сорока, сорока,
Была бѣлобо́ка,
Кашку варила,
Гостей созывала.

На порогъ скакала,
Гостей поджидала:
Не ѣдутъ ли гости,
Не везутъ ли каши?

Ѣдутъ гости,
Везутъ каши:
Кашки немножко,
На красной на ложкѣ.

*

Этому дала́,
Этому дала,
Этому дала,
Этому дала,
   А этому не доста́лось:
Онъ самъ малъ,
Крупы не дралъ,
По́ воду не ходилъ,

Воды́ не носилъ,
Дрова не рубилъ,
Печки не топилъ,
Каши не сварилъ....

Шу—вы́—полетѣли!

За пѣсней возьмутъ сперва у дитяти ручку, на ладонкѣ помуслякаютъ и водятъ по ладонкѣ пальцемъ: варитъ сорока кашу. Сваритъ она кашу, начнётъ подавать гостямъ, раздавать дѣтямъ: большому пальцу на ручкѣ, другому пальцу, всѣ переберётъ, а самому маленькому пальчику ничего не осталось. Попли кашки, — шу — полетѣли къ верьху, и ручки на головку.

* *

— 5 —

Сорока, сорока,
Кашу варила,
На порогъ скакала,
Гостей созывала.

Гости на дворъ,—
Каша на столъ.
«На́ тебѣ,
«На́ тебѣ,
«На́ тебѣ,
«На́ тебѣ,
«А тебѣ, маленькому, нѣтъ ничего!»
Кашку поѣли,
Шу—полетѣли,
На головку сѣли,
Пѣсенку запѣли.

* *

Сорока, воро́на,
Кашку варила,
Гостей созывала:
Гости не бывали,
Кашки не ѣдали.

Шу—полетѣла,
На головку сѣла!

* *

Сорока, сорока,
Кашку варила,
Гостей созывала:

Этому кашки,
Этому бражки,
Этому винца,
Этому пивца,
А этому не достало...
«Колодецъ тамъ,
«Поди самъ,
«Напейся водицы!»

Тутъ пень,
Тутъ колода
Тутъ мохъ,
Тутъ болото....
Тутъ студё—ная водица!

Перебираютъ суставчики, гдѣ щекотно, а потомъ подъ мышку: дитя разсмѣется, а его зацѣлуютъ.

* *
*

8

Такъ же учатъ подымать ручки и головку къ верьху:

Гуси летѣли,
Лебеди летѣли....
Гуси летѣли,
Лебеди летѣли....

* *
*

9

Ай скокъ, поскокъ,
Молодой груздокъ,
По водичку пошолъ,
Молодичку нашолъ:
Цѣловалъ, миловалъ
Да къ себѣ прижималъ!

Пѣстаютъ дитя: учатъ скакать и сами съ нимъ скачутъ.

* *
*

10

Та-та-та, та-та-та,
Вышла кошка за кота:
Котъ ходитъ по лавочкѣ,
Водитъ кошку за лапочки;
Топы́, топы́ по лавочкѣ,
Цапы́, цапы́ за лапочки.

Водятъ дитя по лавочкѣ, подъ мышки либо за ручки.

11

Дыбо́къ, дыбокъ,
Завтра годокъ!
Дыбокъ, дыбокъ,
Цѣлой годокъ!

Какъ начнётъ дитя вставать на дыбки.

Маленькія дѣти начинаютъ смыслить и говорить; потомъ перенимаютъ у старшихъ и сами поютъ:

12

Дожжикъ, дожжикъ, пуще!
Дадимъ тебѣ гущи!

* *

13

Ахъ ты, радуга-дуга,
Перебей дожжя́!

* *

14

Ужь ты, радуга-дуга,
Поведи меня въ луга́:
Тамъ лукъ-чеснокъ,
Киселя горшокъ,
Каша ма́сляная,
Ложка кра́шеная;
Ложка гнётся,
Сердце бьётся,

Носъ трясётся,
Душа радуется,
Глаза выскочить хотятъ.

* *

— 15 —

Дожжикъ, дожжикъ, перестань:
Мы поѣдемъ въ Царёвъ-станъ,
Богу молиться,
Царю поклониться,
Кресту приложиться.

Я убога сирота:
Отпирала ворота́
Крючкомъ, сучко́мъ,
Подворо́тничкомъ.

* *

— 16 —

Дожжикъ, дожжикъ, перестань:
Я поѣду во Рязань,
Богу молиться,
Христу поклониться.

Я убога сирота,
Запирала ворота
Ключикомъ, замочкомъ,
Шо́лковымъ платочкомъ.

* *
*

~~~ 17 ~~~

Ту́ру-ту́ру, пастушокъ,
Кали́новой батожо́къ.
«Далёко ли отошо́лъ?»
—О́тъ поля до́ моря,
—До Царёва-города.—
«Что́ царь дѣлаетъ?»
—Ту́римъ ро́гомъ пишетъ,
—На зо́лотомъ стулѣ,
—На сре́бряномъ блюдѣ.
—Стулъ подломился,
—Царь покатился:
—Жена его Марья
—Сына породила.—
«Ка́къ ему имя?»
—Царя Костянтина.—

* *

ТУРУ-ТУРУ ПАСТУШОКЪ
КАЛИНОВОЙ БАТОЖОКЪ

18

Туру-туру, пастушокъ,
Калиновой батожокъ.
«Далёко ли ты пасёшь,
«Куда стадо гонишь?»
— Отъ моря до́ моря,
— До Кіева-города:
— Тамъ моя ро́дина,
— На родинѣ дубъ стоитъ,
— На дубу сова сидитъ,
— Сова-та мнѣ тёща,
— Сына породила.—
«Какъ ему имя?»
— Царя Костянтина.—
«Что царь дѣлаетъ?»
— Туру ногу пишетъ,
— Ничего не слышитъ.—

*

19

Туру-туру, пастушокъ,
Калиновой батожокъ.
«Гдѣ ты зиму зимовалъ?»
—У царя въ Москвѣ,
—Короля въ Литвѣ.—
«Что царь дѣлаетъ?»
—Туру ногу пишетъ,
—На дѣвицу дышетъ.—

*

«Дѣвица-дѣвица,
«Сходи по водицу,
«Напой молодицу!»
—Я боюсь грозицы,
—Гроза на болотѣ:
—Волкъ на работѣ,
—Колóду ворóчитъ;
—Сóвушка на плотѣ
—Платье колотитъ;
—Поповы робята
—Горохъ молотили;
—Ударили въ дóску,

—Поѣхали въ Мо́скву:
—Москва-та женилась,
—Казань провалилась,
—Литва покорилась.—

20

Пѣтушокъ, пѣтушокъ,
Золо́тенькой гребешокъ,
Масляна головка,
Шо́лкова бородка!
Выгляни въ окошко:
Вотъ тебѣ рѣпки,
Рѣпки лукошко,
Либо рѣпку дадутъ,
Либо лобъ расшибутъ.

21

Петинька—пѣтушокъ,
Золотенькой гребешокъ,
Красенька головка!
Выгляни въ окошко:
Дамъ тебѣ лепешку.

* *

22

У котика у кота
Была мачиха люта́,
Она била кота,
Приговаривала,
На всѣ сто́роны кота
Оборачивала:
«Дайте коту па́пы
«На заднія лапы»
Ты ѣшь, котикъ, не кроши,
Больше папы не проси́!

* *

23

Бубенъ, бубенъ!
Сядь на бочку,
Отдай свою дочку
За нашего князя:
У нашего князя
Се́меро са́ней,
Лу́бьями кры́ты,
Гво́здьями би́ты;
Тро́и се́новалы,
Сто́ги на подва́лѣ,
Коза не подско́четъ,
Сѣно не разво́литъ.
Коза подскочи́ла,
Сѣно развалила.

* *

24

Рыжикъ, рыжикъ,
Красный пыжикъ!
Сядь въ телѣжку,
Возьми сыроѣжку,
Привези за сына:
Твой сыночекъ —
Бѣлъ груздочекъ;
Наша дочка —
Бѣлая почка.

* *

25

Ай скокъ, поскокъ,
Молодой груздокъ,
По водичку пошолъ,
Молодичку нашолъ:
Молодичка не добра́,
Калачей напекла,
Калачи-то горячи́,
Хоть въ окно помечи́!

Налетали соколы́,
Перелётные воры́,
Бѣлоносые грачи,
Подхватили калачи.

* *

—⚜ 26 ⚜—

Тётка-лебёдка!
Сошей мнѣ рубашку,
Тонéньку, бѣлéньку,
Косой вороточекъ,
Ѣхать въ городочекъ:
Поѣду жениться,
На сивкѣ на буркѣ,
На хромой кобылкѣ.
Кобыла, кобыла!
Не сдёрни овина:
Въ овинѣ Арина,
Лежитъ на перинѣ.

* *

27

Дѣвки Татарки,
Взяли бы по палкѣ,
Ударили въ до́ску,
Поѣхали въ Мо́скву,
Купили коровку:
Коровка-то съ кошку,
А удой-то съ ложку.

* *

28

Шапка-Татарка!
Не ходи по лавкамъ,
Ты не ѣшь толокно,
Не гляди въ окно:
У окна красна́,
Имъ девятая весна,
На прошѐсти мурава́,
За тканьёмъ сидитъ сова,
Сова ль моя, со́вушка,
Рукодѣльна вдовушка;
Она тыкъ-тыкъ-тыкъ,—
 Не дотыкивала;

Она тык-тык-тык,—
Перетыкивала.

* *

29

Драганъ, драганъ, помаганъ,
Ѣдетъ драганъ козачко́мъ,
Подъ си́ненькимъ колпачко́мъ:
За нимъ курица кряхтитъ
И пѣтухъ пыхтитъ

* *

30

Какъ у нашихъ у воротъ
Муха пѣсенки поётъ,
Комаръ подпѣваетъ,
Муху нагоняетъ.

* *

31

Ай дуду́, дуду́, дуду́,
Сидитъ воронъ на дубу,
Онъ играетъ во трубу:
Труба то́ченая,
Позоло́ченая.

* *

32

Тарара́ ли, тарара́, да,
Ушли ко́ни со двора́, да,
А крестьяне ихъ поймали
Да покрѣпче привязали.
    При долинѣ стоитъ гоцъ!

* *

33

А и донъ, донъ, донъ!
Загорѣлся кошкинъ домъ:
Бѣжитъ курица съ ведромъ,
Заливаетъ кошкинъ домъ.

* *

34

Аи донъ, донъ, донъ!
Загорѣлся жучій домъ:
Бѣжитъ жукъ съ ведромъ,
Заливать свой домъ.

* *

35

Ай динъ, динъ, динъ,
Поразсы́пался нашъ тынъ,
Закатился господинъ.

У нашего господина
Разыгралася скотина:
И коровы, и быки
Разинули кадыки́,
Овечушка я́лова
По рѣчушкѣ плавала,
Увидала ста́рова,
Закусила гу́бу,
Вы́скочила къ ду́бу.

Сидитъ старой на дубу,
Гнётъ черёмуху въ дугу:
Дуга лопнула,
Сердце дрóгнуло.

* *

36

Ай шувы́, шувы́, шувы!
Поперёгъ Москвы
Промощёные мосты́:
Ѣхалъ баринъ—господинъ,
Таракана задавилъ,
Семь рубликовъ заплатилъ.

* *

37

Ужь ты дядюшка Тарасъ,
Не доѣхалъ ты до насъ!
Твоя сестра
На горѣ рослá,
Быковъ пасла:
Быки пёстреньки,
Рога вóстреньки.

* *

38

Дядюшка Данила!
Запрягай кобылу,
Поѣзжай въ Москву,
Разгонять тоску:
На Москвѣ живётъ вино
Пó три денежки ведро,
Хошь пей, хошь лей,
Хошь окачивайся, да,
Поворачивайся!

* *

39

Ай тéнь-ботетéнь!
Выше гóрода плетень,
За плетнёмъ изба,
На избѣ труба,
За порогомъ середá,
На середѣ лавка,
Посереди Савка,

По ошосткамъ Флоръ,
На печи́ приговоръ,
Во печи калачи
Какъ огонь горячи,
Про бояръ печены;
Съ лопаты упали,
Въ ротъ не попали,
Въ горшкѣ не варились,
А щи забѣлились:
    Кушайте, бояре,
    Нава́рныхъ щей,
    А и тѣхъ же щей
    Да пожиже влей!

* *

40

Тру́шки, ту-ту́шки!
Въ городѣ витушки;
Тру́нъ-тунъ-ту́шки,
Въ нашей деревню́шкѣ
Во́дятся ватрушки,
Тромъ-томъ-томъ,
Съ творогомъ!

* *

41

Ай тпруту́, тпруту́, тпруту́, да,
Вари кашицу круту́, да,
Поминай Кузьму,
По овсяному блину,
Сидора, Макара,
Третьяго Захара,
Дѣда міроѣда,
Бабушку бѣльмятку,
Тюшу да Катюшу,
Трёхъ Матрёнъ
Да Луку съ Петромъ!

* *

42

Ай тонъ, тонаны́,
Съ ячменёмъ пироги,
Сыта́ съ киселёмъ,
Да и каша съ молокомъ!

* *

43

Ай Сёмъ, пересёмъ,
На лопатѣ испечёнъ,
Мужикъ пѣсню спѣлъ,
На капустникъ сѣлъ,
Съѣлъ три кóроба блиновъ,
Три костра пироговъ,
Заýлокъ рогýлекъ,
Овинъ киселя́,
А и кадку щей,
Полну печь калачей.

* *

44

Какъ за нашимъ за дворóмъ
Пироги съ творогомъ:
Кабы было съ кѣмъ,
Разломилъ бы да съѣлъ;
Кабы былъ топорóкъ,
Пересѣкъ бы поперёкъ!

* *

45

Ай виль, виль, виль,
А вили́, вили́, вили́,
Кабы щей налили!
Догадались, нахлебались,
Да и спать полегли!

Подо всѣ эти пѣсни притопываютъ, подплясываютъ, во что ни будь бьютъ или звенятъ, подъигрываютъ на губахъ либо въ кулакъ, словно на трубѣ, въ дудку.

Дѣти постарше перенимаютъ другъ у друга и набираютъ свои пѣсни подлиннѣе:

46

Ужь ты жоръ—журавéль,
Разудалый молодецъ,
По мельницамъ ѣздилъ,
Диковинки видѣлъ:
Козёлъ муку мéлетъ,
Коза подсыпáетъ,
А мáленьки козляточки
Въ амбарахъ гуляютъ,
Муку загребаютъ;
Два кочета, два рябые,
Горохъ молотили;
Двѣ курицы, двѣ красныя,
Съ току волочили,
Бабушку кормили.

А барашки, круты рожки,
Въ скрипочку играютъ;
Двѣ ворóны, стары жóны,
По горницѣ ходятъ;
Двѣ другія, молодыя,

Подъ скрипочку пляшутъ;
А сороки бѣлобоки
Пошли примѣчати:
Ногами-то топъ, топъ,
Глазами-то хлопъ, хлопъ!

※ ※
※

~~~ 47 ~~~

Сѣръ медвѣдь, старый дѣдъ,
   Сапогъ подбиваетъ;
А лисичка, ремеснична,
   Платокъ подшиваетъ;
Косой зайчикъ, нашъ уланчикъ,
   Въ дудочку играетъ;
А совица изъ дуплища
   Глазищами хлопъ, хлопъ:
«Кабъ у матушки не дѣтушки,
 «Я бы съ горя топъ, топъ!»

※ ※
※

48

Ульяна, Ульяна,
Садись-ка ты въ сани,
Поѣдемъ-ка съ нами
Во нову деревню;
Во новой деревнѣ,
Во старомъ селеньѣ,
Много дивъ увидишь:
Курочка въ серёжкахъ,
Пѣтушокъ въ сапожкахъ,
Козёлъ въ новыхъ по́ртахъ,
Коза въ сарафанѣ,
А быкъ во кожа́нѣ,
Утка въ юбкѣ,
Селезень въ жере́льяхъ,
Корова въ рогожѣ,
Нѣтъ ея дороже!

49

Ѣхалъ нашъ Данила
На сивой кобылѣ;
Кобыла упала,
Шкура не пропала:
Изо шкуры сапожки,
Изъ копытъ гребешки,
Изъ хвоста дергало,
Въ скрипочку играло.

* * *

50

У лихого мужика
Была яма глубока:
Надъ ней мыши подрались,
Въ одну яму сорвались.
Утки — въ дудки,
Овцы въ танцы,
Сверчки въ смычки,
Тараканы въ барабаны,
Комары въ котлы.

* * *

51

Га́лка-копа́лка
По́ лѣсу скакала,
Напали на галку
Семеро разбойникъ,
Сняли-ободрали
Синь кафтанчикъ,
Голубой пово́йникъ:
Нѐ въ чемъ галкѣ
По́ городу ско́кнуть,
Нѐ въ чемъ галкѣ
Людямъ показаться.

Былъ я у тёщи,
Били меня тро́щи;
Плакалъ я: хе́нь, хень!
Утѣшали: тре́нь, брень!
Былъ я въ Польшѣ,
Нѐ было больше:
А пріѣхалъ я на Русь,
Всякой въ го́лову трусь!

* *
*

52

Чёрная галка, далёко ли была?
Много ли вѣстей подъ крыломъ принесла?
Бѣлая полянка травой заросла;
Сучка на лычкѣ потявкиваетъ;
Мишка на ниткѣ порывается;
Хозяинъ на печкѣ обувается;
Хозяйка за печкой оладьи печётъ;
Котъ во куту́ сухари толочётъ;
Кошка въ окошкѣ ширинку шьётъ;
Курочка въ серёжкахъ избушку метётъ,
Вы́мела избушку, положила голичо́къ:
Ляжь, голичокъ, подъ порогъ на бочо́къ!

На спросъ отвѣтъ, на рѣчь привѣтъ:

── 53 ──

Здравствуй!

Здравствуй,
Носъ красный!

Ты чей, ты откуда?

Изъ зелёныхъ луг,
Ананьинъ внукъ,
Курицынъ племянникъ,
Пѣтуховъ сынокъ

Какъ зовутъ? Миколай.

Миколушка, Миколай,
Моей губы не замай:
Моя губа пышка,
На улицу вышла.

Миколка.

Ты Миколка, ты Миколка,
У тебя въ спинѣ иголка:
Хотѣлъ вытащить Варухъ,
А ты въ спину его бухъ!

Дуня.

>Звони, звони, пономарь,
>Моей Дуни не замай:
>Моя Дуня дура,
>Солова, понура.

Петя.

>Ахъ ты Петинька—пѣтухъ,
>На нашести протухъ.

Акулина.

>Согрѣшила грѣшная,
>Акулина свѣшная:
>Закрутила, замѣсила,
>Да не вымѣсила.

*

>Согрѣшила грѣшница,
>Акулина свѣшница:
>Согрѣшила, накрошила,
>Да не выкушала.

Еремѣй.

>Всякъ Еремѣй,
>Про себя разумѣй!

Матрёна.

  Поминай Матрёнъ,
  Луку съ Петромъ,
  Сидора калашника,
  Дѣдушку табашника!

Микитка.

  Микитка, Микитка!
  Глядитка, глядитка:
  Летѣли, летѣли
  Четыре тетери,
  Пятая утка,
  Шестой селезёнька.

Арина.

  Арина, Арина,
  Не то говорила.

Филипъ.

   Филипъ
   Прилипъ,
  А красна дѣвица
  Въ крапиву садитца.

Кто называетъ себя по отчеству.

Пётръ Петровъ:

  Пётръ Петровъ,
  Сидитъ безъ дровъ:

Дровъ ни полѣна,
Носъ по колѣна.

Какъ зовутъ?

Зовутъ зовуткой,
Величаютъ прибауткой,
Больше не скажу.

Откудова?

Изъ Чудова.

Изъ Ростова:

Пріѣхали изъ Ростова,
Знать отъ барина Толстова.

Съ Москвы.

Ширъ-Москва,
На затылкѣ глаза:
Прянички ломаетъ,
Со щами хлебаетъ,
А придётъ пора,
Ни мѣди, ни серебра,
Ни хлѣба, ни соли,
Ни кислыхъ щей.

Изъ села.

Знать ты изъ села благова,
Не вѣдаешь, изъ какова.

Куды?

    Куды—туды въ кутъ,
    Гдѣ деньги чтутъ:
    Либо денежку дадутъ,
    Либо лобъ расщибутъ.

Впередъ!

    Постой, баба, не бѣги:
    Отдай мои пироги!

Назадъ!

    Оглянись-ка назадъ,
    Не горитъ ли посадъ?

Гдѣ?

    —Въ ордѣ.—
    «И въ ордѣ,
    «Да въ добрѣ.»

Что?

    Шильцо да мыльцо,
    Бѣлое бѣлильцо,
    Рубль да денежка,
    Да красная дѣвушка:
    Нѣтъ ничего!

Сколько?

    Сколько—столько,
    Да еще полстолька,

    Ещё четверть столька:
    Много ль стало?

Когда?

    Послѣ завтрева въ четвергъ,
    Въ марковное заговѣнье,
    Наканунѣ Серпухова,
    По ту сторону масляницы.

Долго ли?

    Покуль поживётся,
    Пѣтухъ понесётся,
        А тамъ что Богъ дастъ!

Давно ли?

    Была игла,
    Да спать легла,
    Встала—
    Да шить стала.

Каковъ?

    Кабы этакихъ село,
    Такъ бы нé по что въ него.

Какова?

    Брови что усóвы,
    Глаза не весёлы,
    Ходитъ потатýрой,
    Зовутъ её дурой.

Какъ?
    Вотъ такъ, вотъ сякъ,
    Вотъ и эдакъ, и вотъ такъ!
За что, про что? Какая притчина?
    Чичи́ра, чичира,
    Какая притчина?
    Да не курка кряхтитъ,
    Не пѣтухъ пыхтитъ:
    Шапка кру́гленькая,
    Четырь-у́гленькая,
    Туды уголъ, туды два,
    Разуда́ла голова,
    На шапочкѣ кисть,
    А въ голову свисть!
Слушай!
    Слушай, слушай: я не служка,
    Государевъ человѣкъ!
Не слышу?
    Глухому Емелькѣ
    Не звенятъ копейки.
Что дѣется?
    Дѣдъ же́нится.
Правда ли?
    Нѣкогда лгать,
    Надобно на гать,

  Рыбку имать:
  Люди возами,
  Мнѣ хоть на уху́!

Нѣтъ!

  Всякого нѣта
  Припасёно съ лѣта:
  Босоты́ да наготы́
  Изнавѣшаны шесты,
  А хо́лоду да го́лоду
  Амбары стоятъ.

Благодарю!

  Благодарю понмарю,
  Что во всѣ позвонилъ!

Прощай!

  Прости, прощай,
  Насъ вѣкъ не знай,
    Прощаемъ зовутъ!

    ✻

Пойдутъ прибаутки и пословицы.

   ✻
  ✻ ✻

54

Пить—ѣсть.

На чужой коровай
Ротъ не разѣвай,
А пораньше вставай,
Да свой затѣвай!

⁂

Двѣ ноги подходятъ,
Двѣ руки подносятъ:
Ноги съ подходомъ,
Руки съ подносомъ,
Сердце съ покоромъ,
Голова съ поклономъ.

⁂

Матушка наша
Грешневая каша:
Не перцу чета,
Не порвётъ живота!

⁂

Богъ напиталъ,
Никто не видалъ;
А кто и видѣлъ,
Тотъ не обидѣлъ.

⁂

55

Лѣчиться.

Шалфею Андрею,
Анису Борису,
Имбирю Петру,
Укропу Торопу:
   Мы и так поживём,
   Хлѣба-соли пожуём!

* *
*

56

Счётъ.

Разъ, два,
Есть молва;
Три, четыре,
Перскочили;
Пять, шесть,
Бьютъ шерсть;
Семь, восемь,
Пришла осень;
Девять, десять,
Деньги вѣсить.

* *

57

Разъ, два,
По дрова;
Три, четыре,
Прицѣпили;
Пять, шесть,
На шестъ;
Семь, восемь,
Сѣно возимъ;
Девять, десять,
Деньги вѣсить.

58

Слышно про азбуку.

Азъ, буки: бабáшки,
Вѣди: таракашки,
Глаголь: кочерёжки:
Побѣгъ по дорожкѣ,
Нашолъ топорище,
На старомъ огнищѣ,
Хотѣлъ по полѣну,
Попалъ по колѣну,
Лежалъ я недѣлю,
Лежалъ я другую,
Никто не подходитъ,
Никто не приступитъ,
Ни батюшка, ни матушка,
Одна только мушка,
Мушка громотушка.

* *
*

59

Люди сказывают сказки.

Сказать тебѣ сказочку?
Связать тебя въ связочку,
Положить подъ лавочку:
Лежать тебѣ три дни,
Съѣдятъ тебя свиньи.

* *
*

Дѣти играютъ дома. Первыя игры.

60

Гори, Гори жарко:
Пріѣдетъ Захарка,
Самъ на кобылѣ,
Жена на коровѣ,
Дѣтки на телятках,
Слуги на собачкахъ.

*

Гори, гори жарко:
Пріѣхалъ Захарка,
Самъ на кобылкѣ,
Жена на телѣжкѣ,
Дѣтки въ санкахъ,
Въ чёрныхъ шапкахъ.

Топится печка: противъ печки сидятъ кучкой на корточкахъ и поютъ; жгутъ пукъ лучины, у каждаго по лучинкѣ; бѣгаютъ съ лучиной, ѣздятъ на палочкѣ верьхóмъ передъ печкой.

* *

61

«Что въ горбу?»
—Денежки.—
«Кто клалъ?»
—Дѣдушка.—
«Чѣмъ клалъ?»
—Ковшичкомъ.—
«Какимъ?»
—Золотымъ.—

Постукиваютъ по спинѣ и спрашиваютъ; кому постукиваютъ, тотъ отвѣчаетъ.

* *
*

62

„Чей носъ?»
—Мой.—
«Мой, мой,
«Да подъ лавку брось!»
Дерутъ за носъ.

«Чей носъ?»
—Са́винъ.—
«Гдѣ былъ?»
—Славилъ.—
«Что́ выславилъ?»
—Грошъ.—
«Куды дѣлъ?»
—Пряникъ купилъ.—
«Съ кѣмъ съѣлъ?»
—Одинъ.—
«Не ѣшь одинъ,
«Не ѣшь одинъ!»
Бьютъ либо щёлкаютъ по́ носу.

«Съ кѣмъ съѣлъ?»
—Съѣлъ съ тобой.»
«Врёшь ты.»
—Врутъ-то сви́ньи,
—Да ты съ ними,
—Врутъ-то сви́ньи,
—Да ты съ ними!..—
Дерутъ за носъ либо щёлкаютъ другаго, кто спрашивалъ.

Игра повернулась на того, кого сперва щёлкали; онъ теперь и спрашиваетъ:
— Съ кѣмъ съѣлъ?—
«Съѣлъ со мной.»
— Богъ съ тобой!—
Оставляютъ въ покоѣ.

А догадливый кончаетъ и съ перваго разу:
«Съ кѣмъ съѣлъ?»
— Съѣлъ съ тобой.—
«Богъ съ тобой!»

Кончаютъ вмѣстѣ:
Кто возьмётъ безъ просу,
Тотъ будетъ безъ носу,
А кто возьмётъ съ просомъ,
Тотъ будетъ съ носомъ!

* *
*

Одно у нихъ дѣло, игры: всякое дѣло дѣлаютъ игрою, всякую игру поютъ.

Потомъ пойдутъ игры позамысловатѣй.

63

Живъ, живъ Курилка!
Живъ, живъ, да умеръ!
У нашего у Курилки
Ножки долгѣньки,
Душка коротѣнька.
Живъ, живъ Курилка!

Зажгутъ лучину и пойдётъ она по рукамъ: у кого тлѣетъ, живъ Курилка; у кого погаснетъ, тотъ виноватъ, зажигай снова.

64

Кулю, кулю-ба́ба,
Не вы́коли гла́за:
Сыпь подъ окошкомъ,
Свинья подъ лукошкомъ!

∗

Кулю, кулю-баба,
Не выколи гла́за:
Глазъ поспѣлъ,
Коврижку съѣлъ.

∗

Кулю, кулю-баба,
Не выколи глаза:
Глазъ на поли́чкѣ,
Другой на слони́чкѣ.

Поспѣлъ ли горохъ?

Одному завязываютъ глаза, онъ и поётъ, другіе прячутся. Спроситъ: Пора что ли? Поспѣлъ? Нѣтъ. Пора что ли? Молчатъ, попрятались. Пойдётъ онъ искать, и кого схватитъ, тотъ на его мѣсто, завяжутъ глаза. Это Кулючки; а въ Жмуркахъ ищутъ съ завязанными глазами, ощупью, и дѣти бѣгаютъ подъ носомъ у слѣпаго.

∗ ∗
∗

Сѣялъ дѣдка Рѣпку:
«Ай матушка рѣпка,
«Уродися, рѣпка,
«Не часта́, не рѣ́дка!»
Уродилась важная:
Дивилися ка́жныя.

        Пошолъ дѣдка рѣпку рвать:
Тянетъ, тянетъ,—вытянуть не можетъ.
    По́звалъ дѣдка бабку,
    Бабка за дѣдку,
    Дѣдка за рѣпку:
Тянутъ, тянутъ,—вытянуть не могутъ.
    Звала бабка внучку,
    Внучка за бабку,
    Бабка за дѣдку,
    Дѣдка за рѣпку:
Тянутъ, тянутъ,—вытянуть не могутъ.
    Взяла внучка сучку,
    Сучка за внучку,
    Внучка за бабку,
    Бабка за дѣдку,
    Дѣдка за рѣпку:
Тянутъ, тянутъ,—вытянуть не могутъ.

Прилетѣла Нóга,
Прилетѣла дрýга,
Прилетѣла третья,
За третьей четвёрта,
За четвёртой пя́та;
Пять за четы́ре,
Че́тыре зá три,
Три Ноги зá двѣ,
Двѣ Ноги за Нóгу,
Нóга за сучку,
Сучка за внучку,
Внучка за бабку,
Бабка за дѣдку,
Дѣдка за рѣпку:
Тянутъ, тянутъ,—вытянули рѣпку!

Одинъ сядетъ Рѣпой: другой тащитъ за ногу, не стащитъ; тащитъ третій, тащитъ четвёртый, всё не стащутъ. Соберётся побольше: вытянули рѣпку! Побѣгутъ и закричатъ, съ радости.

* *
*

Мальчики теперь много шумят и толкаются. Дѣвочки потише: отходятъ прочь подальше, играютъ однѣ, промежъ себя.

Играютъ въ **Куклы**, *закачиваютъ Куклу:*

— 66 —

Баю, баюшки, баю,
Баю милую мою:
Ты спи—усни,
Угомонъ тебя возьми.

*

Приди, котикъ, ночевать,
Мою милую качать:
Ужь какъ я тебѣ, коту,
За работу заплачу́.

За работу заплачу,
Кочерыгою по плечу;
Ужь какъ я тебѣ, коту,
Помеломъ по хвосту.

*

Сонъ идётъ по сѣнямъ,
Дрема по́ терему:
Баю, баюшки, баю,
Колотушекъ надаю́.

Сонъ говоритъ,
Усыплю́ да усыплю́;
Дрема говоритъ,
Удремлю́ да удремлю́.

*

Спи да усни,
На погостъ гости́:
Бай да люли́,
Заболѣ́й да умри.

Кладёмъ чу́рочку
Во могилочку:
Подлѣ бабушки,
Возлѣ матушки.

И похоронятъ куклу, и опять она оживётъ.

* *

Пѣстаютъ куклу:

67

Ай скокъ, поскокъ,
Молодой груздокъ,
По водичку пошолъ,
Молодичку нашолъ:
Цѣловалъ, миловалъ,
Да и въ снѣгъ закопалъ!

* *

Припѣваютъ, чтобы кукла скорѣй росла, красавицей:

68

Ты рости, рости, коса,
До шелко́ва пояса́:
Какъ ты вы́ростешь, коса,
Будешь го́роду краса!

* *

69

Земляничка ягодка,
На полянкѣ вы́росла,
Подъ кусточкомъ вы́зрѣла.
Горожанка дѣвочка,
Съ подружками выросла,
У матушки вызрѣла,
Во деревню вы́дана!

* *

Куклы ходятъ въ гости, ихъ потчуютъ:

70

„Ты куколка, я куколка,
«Ты ма́ленька, я ма́ленька,
«Приди ко мнѣ въ гости.»
— Я бъ радёшенька была,
— Да боюся Тивуна. —
«Ты не бойся Тивуна:
«Тивунъ тебѣ не судья,
«Судья намъ Владыка.»

* *

71

„Куколка, куколка,
«Что́ ты долго не жила?»
—Я боялась типуна.—
«Типун тебе не судья,
«Судья-то лодыга.»

      *

Лодыгины дѣти
Хотятъ улетѣти
На Ивановъ-городъ.
Въ Ивановомъ городѣ,
Тамъ грамотку пишутъ,
На дѣвицу дышутъ.
«Дѣвица, дѣвица,
«Сходи по водицу.»
—Я волковъ боюся.—
Волки по дорогѣ
Горохъ молотили,
Сосѣдовы дѣти
Прибѣжали въ клѣти,
Бабушкѣ сказали:
Бабушка-то съ пе́чи,
Обломала плечи!

У которой нѣтъ нарядныхъ куколъ, та играетъ и въ простыя чурочки.

    * *
     *

Дѣти подростутъ: въ крестьянской избѣ играть тѣсно, въ дому шумно. Выбираются по маленьку наружу, близко жилья, на дворъ, въ огородъ, а у кого есть, въ садъ: тамъ, весною и лѣтомъ, зелёная трава, цвѣты, макъ, разныя ягоды, смородина, морковь, рѣпа, подсо́лнухи, яблоки.

72

Ай на горѣ **Макъ**,
Подъ горою макъ:
Ай ма́ки, мако́вочки,
Золотыя голо́вочки!
Ста́немте мы въ рядъ,
Спросимте про макъ:
Поспѣлъ ли макъ?

Играютъ такъ больше дѣвочки, а Макомъ посодятъ бѣлоголоваго братишку, какой посмирнѣе и слушается сестёръ. Онъ говоритъ сперва, не поспѣлъ макъ; потомъ признаётся, поспѣлъ; сёстры бросятся трясти бѣлоголовой макъ за кудри:

Ай на горѣ макъ,
Подъ горою макъ!
Ай маки, маковочки,
Золотыя головочки!
Золотой нашь макъ:
Станемъ трясти макъ!

* *
*

~~~ 73 ~~~

Щипу, щипу ягодку,
Чорную **Смородинку**,
Батюшкѣ во ставчикъ,
Матушкѣ въ рукавчикъ,
А **Сѣрому Волку**
Травку на лопатку.
Дай Богъ убраться,
Дай Богъ убѣжать!

Сѣрымъ Волкомъ тоже сидитъ мальчикъ, на корточкахъ, поджавши лицо руками: въ него дѣвочки бросаютъ травою, а сами прочь. Подождётъ онъ, высмотритъ, и вскочитъ за ними въ догонку: кого поймаетъ, грозится съѣсть. Только ему не хочется сидѣть долго и ждать, пока сыплютъ на него тра-

вою и смѣются надъ нимъ. Лучше выбираютъ по очереди, кому первому сидѣть, дѣвочки изъ дѣвочекъ, а больше мальчики изъ мальчиковъ. Кого выберутъ, тотъ сидитъ Волкомъ и ловитъ; кого словитъ, того ужъ не пуститъ, а посодитъ сидѣть на своё мѣсто.

Дѣвочки выбираютъ промежду себя безъ спору, у нихъ игры лёгкія, либо заставляютъ играть съ ними маленькаго мальчика. А мальчикамъ нужно знать **очередь**, кому какъ играть по **жеребью**: иному бываетъ тяжело, не хочется первому, либо хочется, чтобъ поскорѣй перемѣнилъ его другой.

Безъ очереди, безъ жеребья не бываетъ игры хорошей, большой. Чтобъ не было спору и ссоры, чтобъ было по правдѣ, берутъ палку, либо какой шестъ, либо конецъ верёвки: одинъ захватитъ рукою конецъ, другой прихватитъ рукою плотно рядомъ, третій еще рядомъ, потомъ опять первой, другой, третій. Чья горсть послѣдняя, тому итти въ одну игру, другому придётся въ другую. Кому очередь пришла, тотъ будетъ Волкомъ, а другіе будутъ отъ него бѣгать. Въ иныхъ играхъ, одному по очереди придётся дѣлать что ни будь одно, другому придётся другое.

Чаще бываетъ у мальчиковъ жеребій на словахъ: станутъ въ кружокъ и запоютъ пѣсню; на кого упадётъ изъ пѣсни послѣднее слово, тому и держать свой чередъ. Поютъ вмѣстѣ, а одинъ, кто постарше, указываетъ пальцемъ по ряду, на Петра, на Ивана, на Сергѣя, на себя, потомъ опять на Петра и такъ дальше: на кого придётся слово «выкинь», либо «вышелъ», либо «вонъ», всякое послѣднее слово, тотъ и выходи изъ кружка, играй, что нужно, либо совсѣмъ оставь игру, пусти на очередь другихъ. А то выходятъ по очереди изъ кружка: кто послѣдній останется, тотъ ступай въ игру, зачинать.

74

Ѳомка, Ярёмка,
Тóчитъ веретёнка,
Я стану прясти,
Въ коробочку класти:
Коробочка пóлна:
    Пóлна,
        Не пóлна!

75

Чи́черъ,
Ячеръ,
Ши́шелъ,
Вышелъ;
Радивонъ,
Поди вонъ,
За виномъ,
Съ кушино́мъ!

Тутъ по очереди выйдутъ трое: «вышелъ,» «поди вонъ» и «съ кушиномъ».

       *

Пе́ри,	Чу́ха,
Ери,	Рю́ха,
Чу́ха,	Изба,
Лу́ха,	Высота,
Пя́та,	Князь,
Со́та,	*Вонъ!*
Сёма,	
Духа,	Ши́лды,
Макъ,	Буды́лды,
Хрёстъ,	На́чеки,
Радивонъ,	Чека́лды,
Выйди вонъ!	Шишелъ,
	Вышелъ!

       *

„Заяцъ,
«Мѣсяцъ,
«Гдѣ былъ?»
— Въ лѣсѣ.—
«А что дѣлалъ?—
— Лыки дралъ.—
«Кто побралъ?»
— Воевода.—
«Вонъ изъ хоровода!»

Мѣсяцъ,
Заяцъ,
Вырвалъ
Травку,
Положилъ
На лавку:
Кто возьмётъ,
Вонъ пойдётъ!

*

Не накати,
Катички,
Не мохъ,
Не горохъ,
Нé та ли
Птица?
Пошелъ,
Вышелъ!

Соломина,
Оломена,
Агашка,
Тетерька,
Сóколъ,
Птица,
Пошелъ,
Вышелъ!

*

Пе́рво-да́нъ,
Дру́го-да́нъ,
На четыре
Наигралъ;
Пятьсотъ,
Свинья;
Пономарь,
Судья;
Прѣ́ло,
Горѣ́ло,
По са́мому
Летѣ́ло;
Стульчикъ,
Пальчикъ,
Колокольчикъ;
По́шелъ,
Вышелъ!

Пе́рвой да́нъ,
Другой да́нъ,
На колодѣ
Барабанъ;
Пятьсотъ,
Судья;
Катери́нъ,
Бадья;
Пошелъ
Вышелъ!

———

Первѣ́нчики,
Другѣ́нчики;
Трынцы,
Волынцы;
Поповы
Лада́нцы;
Цыкинь,
Выкинь!

*

Пе́рви-ризи,
На́ви-ризи;
Кому царь,
Царево́й,
Соко́лъ,
Воробей?
Пія́вицы,
Яицы;
Шо́хманъ,
Ло́хманъ;
Че́четъ,
Не́-четъ;
Ди́кинь,
Выкинь!

Ка́тунъ,
Ла́дунъ,
Со́хрунъ,
Мо́хрунъ,
Ди́кинь,
Выкинь!
—
Щи́тки,
Сби́тки,
Воро́ньи
Кико́рки,
Самъ
Вороне́цъ,
Поди вонъ,
На конецъ!

*

При долинѣ
Стоитъ гоцъ,
Первой разъ,
Другой разъ,
Поздравляю
Васъ!

*

77

Яблочко
Катилось
Вокругъ
Огорода:
Кто его
По́днялъ,
Тотъ воевода,
Воеводской сынъ;
Вы-кинь!

* *
*

Такъ набираютъ всякія подходящія слова: полюбится наборъ ребятамъ, начнутъ они играть словами. Играютъ и пѣснею, есть игра **въ ПѢСНЮ**. Станутъ кружкомъ, кажному изъ пѣсни подѣлятъ по одному слову: начинай одинъ съ перваго слова, другой со втораго, третій съ третьяго, и такъ дальше, а потомъ за разъ въ одинъ голосъ всѣ, кажной твердитъ своё слово. Всё равно, какъ звонятъ; сперва зазвончикъ, потомъ ясакъ, сполошной, потомъ большой, царь-колоколъ, и всѣ вмѣстѣ звонятъ, кажной колоколъ своимъ голосомъ, своимъ языкомъ:

78

На поповом
На лугу,
Сѣнцо́
Гребучи́,
Колязинской
Монастырь
Отъ Кашина
Недалёко,
Клопъ черни́чку
Ведётъ,
То-то гро́мокъ,
То-то зво́нокъ,
Тю-ню-ню́-ню-ню́-ню-ню́!

* * *

79

Ши́лды,
Буды́лды,
На́чеки,
Чека́лды;

Ши́льцо
Да мыльцо,
Бѣлое
Бѣли́льцо;
Ши́льники
Мыльники,
Шинова́лы
Конова́лы,
Господа́ наши
Бояре;
Ши́нда, шиндара́,
Ра, ра, ра;
Я там былъ,
Жилъ,
Пилъ,
Зелено вино́
Котло́мъ, котло́мъ!

Кто постарше и побольше, тотъ поётъ пѣсни подлинныя; ребята учатся пѣть, подпѣваютъ старшимъ, припѣваютъ свои пѣсенки, пѣсни коротенькія. Это ребятамъ игра и шутка, коротенькихъ пѣсней набирается у нихъ много. Послѣ, какъ выучатся длиннымъ, дѣти вставляютъ туда свои коротышки: идётъ это съ дѣтства. Это **припѣвъ**:

80

Ла́душки,
Ла́душки.

Ай лёшеньки,
Лёли.

Ай люли́, ай люли́,
Лю́ли, лю́шеньки,
Люли́.

Ай жги—жги,
Говори,
Выгова́ривай.

Сѣю, вѣю,
Вѣю, вью.

Макъ, макъ,
Макъ мой, макъ,
Зелене́цъ.

Лёнъ, лёнъ,
Лёнъ мой, лёнъ
   Молодой.

—

Лёнъ ты мой лёнъ,
Лёнъ мой зеленóй.

—

Кáлина моя,
Мáлина моя.

—

Ай калúна,
Ай малúна,
Чорная смородина.

—

Ай, тú-ли-ли,
   Калúнка моя,
Въ саду ягода
   Малúнка моя.

—

Зелёная роща, алой цвѣтъ,
   Алой цвѣтъ.

—

Дóны мои, Доны,
Доны молодые.

—

Донъ мой, Донъ,
Донъ Ивановичъ, Донъ.

—

Дунай мой, Дунай,
Весёлой Дунай.

—

Ай Дунай ли мой, Дунай,
Сынъ Ивановичь, Дунай.

—

Вотъ такъ,
Вотъ сякъ,
Вотъ и эдакъ,
И вотъ такъ!

—

Какъ у бабушки,
Купріяновны,
Тпру—ка, ну—ка,
Что́ за штука!

—

Чемери́ки, чокъ,
Чемери́къ,
Кома́рики, мухи,
Комары,
Жена мужу бай,
Говори́!

—

Шы́ринъ, вы́ринъ,
Христофо́ръ,
Форъ, форъ,
Еръ, ерцы́,
Ши́нда, шиндара́,
Лапушка моя!
Пей,
Лей
Зелено́ вино!

Спа́вель,
На́вель,
Спавель, Навель,
Васи́ль, На́филь,
Ти́фель, Я́фель,
Подъ Ерданью,
Стоитъ яблонька,
Изюмъ молодой!

Пока ребёнокъ ростётъ, старшіе занимаютъ его, чтобъ не плакалъ, безъ времени не спалъ и не дремалъ, ночью не просыпался, днёмъ не баловалъ, не сердился, не ссорился. Мать, сестра, кормилица, нянька, бабушка, поютъ ему пѣсни про всякую **быль**: объ томъ, что бываетъ на свѣтѣ, либо въ старину бывало; какія были чудеса, какія веселья либо бѣды, какъ топили баню и дрались на войнѣ, какіе случаи случались съ козломъ и съ козою, съ курицей, съ волкомъ, съ лисицей, съ разными птицами и звѣрями, съ грибами, съ орѣхами. Дитя всё слушаетъ, слушаетъ диковинки, потомъ и самъ перенимаетъ, по немножку берётъ себѣ на память, а какъ выростетъ побольше, попривыкнетъ пѣть и играть, начнетъ самъ отъ себя напѣвать такія же пѣсни. Поётъ ихъ и дома, поётъ и на дворѣ, по улицѣ, съ другими дѣтьми, въ кучкѣ, всѣ въ одинъ голосъ. Когда начнёшь такую пѣсню, нужно и кончить, а не допѣвши конца, не годится обрывать.

81

Какъ у бабушки Козёлъ,
У Васильевны сѣдой.
Какъ пошолъ козёлъ,
Какъ пошолъ сѣдой,
По горáмъ, по долáмъ,
По крутымъ берегамъ,
По густымъ лѣсамъ,
По мелкúмъ кустамъ.
А на встрѣчу козлу,
Идётъ семеро волковъ,
Семь братéниковъ волковъ,
А восьмой-то Волкъ,
Подожжённой бокъ:
Онъ и трú года болѣлъ,
Всё козлятины хотѣлъ.
Загорѣлися глаза,
Завопилъ онъ на козла:
«Ты мохната голова,
«Перевитые рогá!
«Чтó ты пó полю гуляешь,
«Или дѣла ты не знаешь,
«Иль отъ дѣла ты лытаешь,
«За мякúнкою,
«Съ пересыпкою?

«Сухвачу́ козла за гриву,
«Перекину черезъ ниву!»
Ухватилъ волчокъ козла,
Поперёкъ живота,
Какъ ударилъ онъ козла
Объ сыру́ю мать—землю́.
Спохватился козёлъ,
Закричалъ по отбой:
—Ужь вы батюшки,
—Ужь вы матушки,
—Меня волкъ уволо́къ,
—Меня взялъ поперёкъ!—
Услыхала про козла
Одна бабушка стара́:
««Ахъ ты дядюшка Матвѣй,
««Ты пожалуста отбей!»»
Не отбилъ Матвѣй козла:
Требуши́на поплыла,
Мимо нашего двора,
Но́жки на дорожкѣ,
Борода подъ кусто́мъ,
Поприкры́та хворосто́мъ,
Чтобы солнце не пекло,
Чтобы сальце не текло.

* *

Какъ у бабушки Козёлъ
У старо́й бабы козёлъ,
Онъ подъ печкой стоялъ,
Онъ помоички хлебалъ.
Подымался козёлъ,
Семь волковъ убить,
Бабѣ шубу сшить.
Она старая старуха
Зрадова́лася,
Отпирала ворота́
Широки́мъ—широко́,
Провожала козла
Далеки́мъ—далеко́:
«Ты поди, козёлъ доро́гой,
«Ты поди, козёлъ, широ́кой,
«Подскакивая,
«Веселёшенько посматривая!»

*

Какъ на встрѣчу козлу
Сѣрой заенька,
Хоть и сѣрой онъ, да малой.

Какъ и тотъ же козёлъ,
Пріужáхнулся,
Присполóхнулся:
—Ты не смерть ли моя,
—Ты не съѣшь ли меня?—
«Я не смерть твоя,
«Я не съѣмъ тебя,
«Ужъ я заинька
«Я бѣлинькой,
«Въ огородахъ я хожу,
«Я капусту стерегу,
«А нá пору хозяину
«Всю капусту приполю.»

*

Какъ на встрѣчу козлу
Лисынька жёлтенька.
Какъ и тотъ же козёлъ,
Пріужáхнулся,
Присполóхнулся:
—Ты не смерть ли моя,
—Ты не съѣшь ли меня?—
«Я не смерть твоя,
«Я не съѣмъ тебя,
«Я лисынька, я жёлтенькая,

«Я по ку́рничкамъ хожу,
«Я курятъ стерегу,
«А на́ пору хозяину
«Цыплятъ загоню́.»

*

Какъ на встрѣчу козлу
Идётъ семь волковъ,
А восьмой-то **Волкъ**
Подопрѣлой бокъ:
Онъ три года прѣлъ,
Всё козлятинки хотѣлъ.
Какъ и тотъ же козёлъ
Пріужа́хнулся,
Присполо́хнулся:
— Ты не смерть ли моя,
— Ты не съѣшь ли меня? —
«Вотъ я смерть твоя
«Вотъ я съѣмъ тебя!»
Какъ и взялъ козла
Поперёкъ ребра,
Удари́лъ его
Объ сыру́ю землю́:
Вотъ туды-сюды нога,
Подъ колодою рога,

На пню голова,
Во кусту борода.

※

   Какъ и ѣхалъ мужичокъ
Во лѣсъ по дрова,
Погорёвывалъ:
Увидалъ козла
Растóщеннаго,
Располóщеннаго,
Вотъ туды-сюды нога,
Подъ колодою рога,
Во кусту борода,
На пню голова.
«Ахъ ты бабушка!
«Вари кашу да щи,
«Чтобы люди шли
«Поминать козла
«Растóщеннаго,
«Располóщеннаго.»
Она старая старуха
Пріужáхнулась,
Присполóхнулась.

※ ※
※

У нашего мужика
Быба **Свинушка** рябá,
Не ходила ни куда
На полняди со двора.
Ночка тёмная на двор,
А свинья через забор:
Свою пóлосу прошла,
На чужую забрела,
Призагвáздалася,
Порасхваsталася.
Откуль нé взялся тут
  Сѣръ **Волчище**,
  Старъ старичище,
Пóднялъ онъ хвостище,
Бьётъ челóмъ до земли:
«Здравствуй, милая жена,
«Супорóсая свинья!
«Чтó ты шляешься,
«Что скитаешься?
«Здѣсь волкъ молодецъ,
«Поѣдаетъ всѣхъ овецъ.»
Подошолъ свиньѣ конецъ:

—Ты не ѣшь меня, волкъ,
—Подожди одинъ часокъ,
—Твоей чести угожу,
—Цѣло стадо порожу́,
—Свинятъ, поросятъ.—
«Не хочу мясца инова,
«А хочу мясца свинова!»
Взялъ волкъ свинку,
За бѣлую спинку,
Чорненьку щетинку,
Понёсъ за болото,
За пень, за колоду,
За бѣлу берёзу.
Сталъ онъ косточки глодать,
Родителей поминать.

* *
*

 84

Сова ль моя сóвушка,
Богатая вдовушка,
Гдѣ же ты живала,
Да гдѣ побывала?
Во тёмномъ лѣсицѣ,
Въ горѣломъ дуплищѣ.

Никто совушку не зналъ,
Никто её не видалъ:
Увидали люди,
Комары да мухи;
Узнали про со́вую,
Узнали про вдо́вую
Да два луня бѣлые,
Да два друга милые:
Стали налетати,
Сватовъ подсылати,
Стали её сватать
За бѣлаго луня,
За милаго друга.
Галка свахой,
Ворона схода́тай,
Во́ронъ сватомъ,
Со́колъ зятемъ:
«Поди, сова, за́ мужь,
«За бѣлаго луня,
«За милаго друга.»
Стали совѣ говорить,
Сова за мужь норови́тъ:
—Что́ же мнѣ не йтити,
—Съ чего не ходити?
—Или я кривая,
—Или я косая,

—Или косолапа,
—Или разнолапа?
—Я сова хорошая,
—Я сова румяная,
—Я совушка вдовая,
—Сова чернобровая.
—Три праздника съ ряду,
—Сыграемъ мы свадьбу.—
Свадьбу сыграли,
Горшки побивали;
Полетѣли въ поле,
Поле полевати,
Зиму зимовати.

Какъ на встрѣчу со́вой,
Какъ на встрѣчу вдо́вой,
Летѣли три стада:
Первое ко́пчики,
Московскіе купчики,
Другое голубчики,
Третье стадо рябчики,
Рябчики рябе́ньки,
Сами-то мале́ньки,
Носики востре́ньки.
Тутъ сову били,
Тутъ колотили,

Въ клочье изорвали,
По́ полю метали.
Сова всполошилася,
Назадъ воротилася,
Прилетѣла ко двору,
Сама сѣла на полу,
Повѣсила го́лову
На правую сто́рону:
—Рябчикъ ты, рябчикъ,
—Московскій подьячій!
—Что́ ты насъ не судишь,
—За чѣмъ не разсудишь?—
«Сова ты, сови́ца,
«Сова изъ дуплица,
«Больша́ головища,
«Сова черномаза,
«Сова большеглаза,
«Широкая рожа,
«Глядѣть не пригожа!
«Какъ мнѣ васъ судити,
«Какъ васъ разсудити,
«Чего я не знаю,
«Чего не смекаю?
«А то наши слуги,
«За рѣкою были,
«Сѣно покосили,

«Въ стоги пометали,
«Домой прилетали.—
«И гдѣ у васъ ко́сы?»
—Да всё у насъ но́сы.—
«И гдѣ у васъ вилы?»
—То-то у насъ кры́лы.—
«И гдѣ у васъ грабли?»
—То-то у насъ лапы.—

* *

85

Сова ль моя, со́вка,
Бѣдная вдовка,
Гдѣ жь ты бывала,
Гдѣ жь ты живала?
—Была я, совка,
—Была я, псовка,
—Во тёмномъ лѣсищѣ,
—На старомъ дуплищѣ.—
Никто же про совку,
Никто же про вдовку,
Да никто не знаетъ,
Никто не спозна́етъ.

Спознали про совку,
Спознали про вдовку
Всё добрые люди,
Всё милые други:
Стали сову сватать,
Сватовъ засылали.
За́слали свата
Совинаго брата:
«Сова ль моя, совка,
«Пойдёшь ли ты за́ мужь
«За бѣлаго луня,
«За милаго друга?»
—Съ чего мнѣ не йтити,
—Съ чего не ходити?
—Али я кривая,
—Али я слѣпая,
—Али я безносая,
—Али я безрукая?
—Совсѣмъ сова здравая,
—Зарѣцкая барыня,
—Савельевна Са́вишна,
—Вчерашняя да́вешна,
—Красная княгиня,
—Со́вушка Сови́на.—

Стали убирати:
Лапотки, ошмётки,
Онучи, отрёпки,
Оборки, верёвки.
Сова засмѣётся,
Хохолъ затрясётся.
Синицы игри́цы
Сидятъ на поли́цѣ,
Пѣсни играютъ,
Сову величаютъ.
Ворона-то свахой,
Галка стряпухой,
Сорока плясухой,
Воро́бушка дружкой,
А во́ронъ-то поваръ,
По двору летаетъ,
Курицъ собираетъ:
«А куры вы, дуры,
«Ничего не знаете,
«Идите къ сови́цѣ,
«Къ совушкѣ на свадьбу!»
 Какъ нашу-то совку
Повезли вѣнчати,
Ко синему морю,
Ко старому дубу.

Сустрѣлися съ совкой
Синеньки, маленьки,
Крылушки рябеньки,
Ноженьки тоненьки,
Ноготки востреньки,
А носики длинные,
А задочки глиняны.
Стали сову рвати,
На клочки метати,
Во кусты головой,
Да и къ верьху ногой.
Сова всторопилась,
Назадъ полетѣла.
Прилетѣла ко двору,
Повалилась на полу,
Расплакалася,
Раскудахталася:
—А лунюшка бѣлой,
—Другъ ты мой милой!
—Что это за люди,
—А что за Татаре?
—Синеньки, маленьки,
—Крылушки рябеньки,
—Ножки тоненьки,
—Ноготки востреньки,
—А носики длинные,
—А задочки глиняны?—

ГУСИ ЛЕБЕДИ ЛЕТѢЛИ
ВЪ ПОЛѢ БАБЮШКУ ДОСПѢЛИ

«Сова ты, дурища!
«Это наши люди,
«Наши крестьяне:
«За моремъ бывали,
«Сѣно косили,
«Въ стоги пометали,
«Домой прибывали.
«У мого ли тестя,
«Есть что поѣсти:
«Сорокъ кадушекъ
«Солёныхъ лягушекъ,
«Сорокъ амбаровъ
«Сухихъ таракановъ,
«Сорокъ бочонковъ
«Свѣжихъ мышонковъ!»

*   *
*

 86

Гуси-лебеди летѣли,
Въ полѣ банюшку доспѣли.
Коростель полки мостилъ,
Таракан дрова рубилъ,

Комаръ по́ воду ходилъ,
Въ грязи ноги увязилъ,
Онъ не вытащилъ,
Глаза вытаращилъ:
Блоха поднимала,
Животъ надорвала.
Муха банюшку топила,
Пчолка воду наносила,
Оса щёлокъ щелочила,
Блошка парилася,
Да запарилася,
Съ полка́ грянулася,
Объ полъ вда́рилася:
На ушатъ ребромъ попала,
Изувѣчилася,
Изуродовалась,
Что безъ пальца рука,
Безъ мизинца нога.
«О́хи, о́хи, не могу,
«Потяните за ногу́!»
Муха подскочила,
Ножку подломила,
Въ передбанникъ понесла,
На рогожку поклала́;
Завопила тутъ блоха:

«Вы подайте мнѣ дьячка,
«Да запѣ́чнаго сверчка,
«Отпѣвать грѣшну́ рабу́,
«Чо́рну блоху́ во гробу́!»
Жучки ямку рыли,
На погостъ носили,
Блоху хоронили,
Сверчки отпѣвали,
Блоху провожали.

Какъ и наша воробьиха
Зародила **Воробья**,
Тонконо́генькаго,
Длиннопо́гтенькаго,
Сѣрохво́стенькаго:
Совсѣмъ воробей,
Совсѣмъ молодой.
Какъ ушолъ воробей,
Какъ ушолъ молодой:
Какъ нашли-то воробья
Подъ погрѐбицею.

Повели его на дворъ,
Капитону въ домъ:
«Капитонъ, Капитонъ,
«Капито́нщичекъ!
«Ты не бей меня жгутомъ,
«Обстриги меня кругомъ,
«Три коси́чки оставь,
«Во дьяки меня поставь,
«При палатѣ при пустой,
«При дорогѣ при большой!»
Кто ни ѣдетъ, кто ни йдётъ,
Воробья дьякомъ зовётъ:
— Ужь ты дядюшка дьячокъ,
— Что ты служишь безъ сапогъ?
— Ахъ ты воръ-воробей,
— Что ты ходишь безъ лаптей?—
«Я поѣду во полки́,
«Закуплю я сапоги,
«Поиграю въ бабки,
«Выиграю лапти.»

* *
*

88

Воробей пиво варилъ,
Молодой сына женилъ,
Онъ и всѣхъ гостей позвалъ,
Одноё Сову не звалъ,
Одноё Савельевну.
Прилетѣла совушка,
Прилетѣла Савельевна,
Она сѣла на цы́почкахъ,
Заиграла во скрипочку.
Воробей пошолъ плясать,
Молодой пошолъ скакать:
Уронилъ онъ до́стычку,
Отдавилъ онъ совѣ но́жечку.
Тутъ совушка осердилась,
Савельевна насу́прилась,
Она крылушками тро́нула,
Во окошко она по́рхнула.
Воробей въ погонъ погналъ,
На дорогѣ догонялъ:
«Воротися, совушка,
«Воротися, Савельевна!»
— Не того я, сова, роду,
— Не того я отца дочь,

—Чтобъ тебѣ я поклонилась,
—Воробью я покорилась.
—Приходили къ совушкѣ
—Сватые сходатаи,
—Женихи богатые:
—Просили придáнова
—Гусака чубáрова,
—А гусыню сѣрую,
—Утку хохлатую,
—Барана рогатаго,
—Овечку косматую.—

* *
*

— 89 —

Зá моремъ **Синица** богатая жила,
Сдѣлала бражку сама про себя,
Всѣхъ птичекъ-пташечекъ на пиръ созвала;
Одну Сóвоньку на пиръ не звала:
Свѣдала **Сова**, прилетѣла въ пиръ сама,
Сѣла выше всѣхъ, на печнымъ столбѣ.
Сы́ченька по горенкѣ похаживаетъ,
Пьяную браженьку понашиваетъ,
Самъ Сычъ пьётъ и Совѣ поднесётъ.

ЗА МОРЕМЪ СИНИЧКА НЕ ПЫШНО ЖИЛА
ВСѢХЪ ПТИЧЕКЪ ПТАШЕЧЕКЪ НА ПИРЪ СОЗВАЛА

«Что́ же ты, Сыченька, не женишься?»
— Радъ бы жениться, да некого взять.
— Взять ли, не взять ли, тебя мнѣ Сову:
— Умѣешь ли, Совонька, ткать ты и прясть?—
«Батюшка не прялъ, да на́гой не ходилъ;
«Матушка ткала́-пряла́, себѣ не брала.»
«Умѣешь ли, Сыченька, ты пашеньку пахать?»
— Въ городѣ не пашутъ,—калачики ѣдятъ;
— Въ деревнѣ-то пашутъ, да мякинку ѣдятъ.—

* *
*

90

За́ моремъ **Синичка** не пы́шно жила,
Не пы́шно жила, пиво ва́ривала,
Со́лоду купила, хлѣба въ за́ймы взяла,
Въ за́ймы взяла, хмѣлю выпросила.
Чёрной Дроздъ пивоваромъ былъ,
Сизъ орёлъ винокуромъ слылъ:
«Дай же намъ, Боже, пива наварить,
«Пива наварить и вина накурить!
«Созовёмъ гостей, мелкихъ пташечекъ.»
Со́вушка-вдовушка незваная пришла,
Сниги́рюшку-ми́лушку за ручку привела;

Снигирюшка въ сѣнюшкахъ похаживаетъ,
Совушкѣ голо́вушку поглаживаетъ,
Надъ совушкой вдовушкой подсмѣиваетъ.
Стали Снигирю мелки пташки говорить:
«Что жъ ты, Снигирюшка, не женишься?»
—Радъ бы я жениться, да не́кого взять:
—Взялъ бы я Пернатку, да матка моя;
—Взялъ бы я Чечотку, да тётка моя;
—Взялъ бы я Синичку,—сестри́чка моя;
—Взялъ бы я Галку,—косолапая она,
—Косолапая она, хромоногая она;
—Взялъ бы я Сову,—пучеглазая она;
—Взялъ бы я Ворону,—черномазая она;
—Взялъ бы я Ласточку,—вертлявая она;
—Взялъ бы я Кукушку,—тоскливая она;
—Взялъ бы я Сороку,—щекотливая она,
—Щекотливая она, говорливая она.
—Есть ли за мо́ремъ Перепёлушка,
—Та мнѣ ни матушка, ни тётушка:
—Ту я люблю, за себя её возьму!—
Здравствуй, хозяинъ съ хозяюшкою!

※ ※
※

91

Заводилася война
Середи бѣлого дня;
Ужь какъ начато палить,
Только дымъ пошолъ валить;
Какъ сказали на войну
Всему нашему селу.
Пораздумалъ бѣлой грибъ,
Разгадалъ Боровикъ,
Всѣмъ грибамъ полковникъ,
Подъ дубочкомъ сидючи,
На грибочки глядючи:
«Собирайтесь, Рыжики,
«Вы красные пыжики,
«Съ господиномъ на войну,
«Поведу васъ по селу!»
Отказались Рыжики:
— Мы богаты мужики,
— Не повинны во полки.—
«Приходите вы, Бѣлянки,
«На военныя стоянки!»
Отказалися Бѣлянки:
— Мы грибовыя дворянки.—
«Выходите, Валуй,
«Вы подручники мои!»

Отказались Валуи:
—Мы придворны халуи,
—Мы по блюдамъ лизуны,
—На подъемы тяжелы.—
«Приходите вы, Волнӳшки.»
Отказалися Волнушки:
—Ужъ мы старыя старушки,
—Мы у барыни стряпушки,
—Не оставимъ мы одну,
—Не идёмъ на войну.—
«Снаряжайтеся, Опёнки!»
—У насъ ноги очень тонки.—
«Выходите, Сыроѣжки!»
—У насъ груди очень нѣжны.—
«Становитесь, Мухоморы,
«Въ сторожа и во дозоры!»
Отказались Мухоморы:
—Мы разбойники и воры,
—Безъ того мы сторожи́мъ,
—При дорогахъ мы стоимъ,
—Душегубимъ и трави́мъ.—
Оставались только Грузди:
—Ну, ребятушки, мы дружны,
—Подавайте сабли, ружья,
—Мы заступники селу,
—Мы идёмъ на войну!—

* *

92.

Мельникъ, нашъ мельникъ,
На мельницу ѣдетъ,
Пашени́чку везетъ.
Онъ мололъ на муку́,
Повернулъ на крупу:
Поставили **пирожки**,
  Они пышнички,
  Пашени́чнички.
Три недѣли кисли,
Изъ квашо́нки свѝсли,
Ква́сила я, квасила,
  Да не вы́квасила,
На четве̂ртую недѣлю
  Я вонъ вывалила.
Ужь я по́ полу катала,
По подлавочью валяла,
На печи́ въ углу сажала,
  На палатяхъ пекла,
  Кочерыгой гребла.
Навалила на салазки,
  Повезла продавать.

Какъ на встрѣчу подъ горой
Идетъ мальчикъ молодой:
«Да что́, тётушка, везёшь,
«Что́, тётушка, продаёшь?»
—Я не камушекъ везу,
—Не кирпи́чекъ продаю,
  —Везу ситнички,
  —Полуси́тнички.—
Какъ у насъ за дворо́мъ
Пироги съ творогомъ:
Кабы было съ кѣмъ,
По поламъ бы съѣлъ;
Кабы былъ топоро́къ,
Пересѣкъ поперёкъ!

* *

—⁓ 93 ⁓—

Ай на горѣ макъ, макъ,
Подъ горою такъ, такъ.
У нашего Мака́рушки
Золотые рука́вушки:

Спросимте про макъ,
Не поспѣлъ ли макъ?

Не пора ли молодой,
Итти стряпаться домой,
Муку сѣять, хлѣбы печь,
Щи варить, капусту сѣчь,
Пироги становить?
Я поставлю въ квашо́нушкѣ,
Растворю я на до́нушкѣ,
Что на донушкѣ,
На ладонушкѣ.
На золѣ **хлѣбы** валяла,
Помоями поливала,
На печи некла,
Кочерьгой гребла,
Много хлѣбовъ напекла.
Съ ними горе горевать:
Куды хлѣбушки дѣвать?
Накладу я въ коробокъ,
Повезу въ городокъ.
Никто къ хлѣбамъ не подходитъ,
Никто даромъ не берётъ:
Подошла ряба́ свинья,
Понюхала да пошла.
Она жрать-то не нажра́ла,
Только рыло намарала,

Три недѣли прохворала,
На четвёртую недѣлюшку
    Намáялася,
    Перестáвилася.
Соѣжжалися бояре,
Соѣжжалися дворяне,
    Дивовалися:
«Отъ чего это свинья
    «Переставилася!»

За Сказками сидятъ дóма, и то только по вечерамъ, и то больше зимою. Сказки дѣтямъ не просто сказываютъ, а поговорятъ да попоютъ: тогда дѣти и слушаютъ, и заучиваютъ, и сами подпѣваютъ.

94

Разъ **Котъ** ушолъ гулять, а **Пѣтушокъ** остался дóма сидѣть; пришла **Лиса** Патрикéвна, Лисичка-сестричка, стала подъ окошко и поётъ:

Кукуреку, Пѣтушокъ,
Золóтенькой гребешокъ!
Выгляни въ окошко:
Дамъ тебѣ горошку.

Пѣтушокъ не слушается, ему Котъ заказалъ, не гляди въ окошко. Опять Лиса запѣла:

Пѣтушокъ, Пѣтушокъ,
Золотой гребешокъ,
Крáсенька голóвка,
Шóлкова бородка!
Выгляни въ окошко:
Дамъ тебѣ кашки,
На красной на ложкѣ.

Пѣтушокъ всё не слушаетъ, не глядитъ въ окошко. Запѣла Лиса:

  Пѣтинька, Пѣтушокъ,
  Золотой гребешокъ,
  Ма́сляна головка,
  Чо́сана бородка,
  Кра́сенькой носо́къ,
  Смета́нной лобо́къ!
  Выглянь въ окошко:
  Вотъ тебѣ съ сѣмячкомъ лепёшка!

Пѣтушокъ всё не глядитъ.

  Пѣтушокъ, пѣтушокъ!
  Погляди въ окошко:
  У Карпова у двора
  Пріукатана гора,
  Стоятъ саночки,
  Самокаточки,
  Они сами катятъ,
  Сами ѣхать велятъ.
  Поѣдемъ съ тобой!

Не глядитъ пѣтушокъ. Опять зовётъ его Лиса:

  Пѣтушокъ, Пѣтушокъ,
  Выгляни въ окошко:
  У насъ по порошкѣ
  Ѣхали бояре,

На тройкахъ, на парахъ,
Они кольцами звенятъ,
Они деньгами дарятъ.

Слушаетъ Пѣтушокъ, а всё боится выглянуть.

Пѣтинька, Пѣтушокъ,
Золотенькой гребешокъ,
Масляна головка,
Чосана бородка,
Красенькой носочекъ,
Сметанной лобочекъ!
Выгляни въ оконко:
Здѣсь при дорожкѣ
Хоромы большіе,
Слуги молодые,
Въ каждомъ уголочкѣ
Пшенички по мѣркѣ,
На каждой на лавкѣ
По блину, по калачу,
Ѣшь, не хочу!

Разохотился Пѣтушокъ, выглянулъ, а Лиса его ухватила, понесла въ когтяхъ, хочетъ съѣсть, да припѣваетъ:

Ужь ты Пѣтька, Пѣтухъ,
На нашести протухъ,

За чѣмъ рано встаёшь,
Голосисто поёшь,
Людямъ спать не даёшь!
Я за то тебѣ, Пѣтухъ,
Шею-голову сверну,
Какъ ударю я тебя
Объ сырую мать—землю:
Еще вотъ ти, Пѣтушокъ,
За ночной за смѣшокъ!

Видитъ Пѣтухъ, хочетъ Лиса его съѣсть, за то, что ночью за курами ходила, а онъ крыльями хлопалъ, ногами топалъ, кукуреку кричалъ, куръ пугалъ, людей будилъ. Закричалъ онъ теперь передъ смертью, сколько было мочи:

Вы батюшки,
Вы матушки!
Понесла меня Лиса,
За темные лѣса,
За дремучіе бора,
По крутымъ берегамъ,
По высокимъ горамъ,
Не боится грѣха,
Хочетъ съѣсть пѣтуха,
И съ косточками,
И суставчиками!

Хорошо, что услыхалъ его Котъ.
Идётъ Котъ въ сапогахъ,
Несётъ саблю на плечахъ,
Хочетъ Лису порубить,
Хочетъ душу загубить.

Пришолъ, да какъ хватитъ саблей: изъ Лисы и духъ вонъ! Убилъ Лису.

* *
*

—⁓❦ 95 ❦⁓—

Другой разъ ушла **Коза**, доставать дѣтямъ молока, а дѣтки Козлятки остались дома. Запрутся они, чтобъ чужой кто не пришолъ, сидятъ и ждутъ матери. Придётъ Коза, постучится въ дверь и запоётъ:

Козлятушки,
Дитятушки!
Отопритеся,
Отомкнитеся,
Это я, Коза,
Во бору́ была,
Щипала траву,
Шелко́вую,

Пила воду
Студёную;
Бѣжитъ молочко
По вымячку,
Изъ вымячка
Въ копытечко,
Изъ копытечка
Въ сыру землю.

Дѣти отворятъ, она покормитъ ихъ и уйдётъ опять. Подслушалъ это **Волкъ**: погоди, пойду, ихъ съѣмъ, пришолъ и воетъ толстымъ голосомъ:

Охъ вы дѣтушки,
Мои батюшки!
Отопритеся,
Отворитеся,
Это я, Коза,
Ваша мать пришла,
Молока принесла:
Полны бока
    Молока;
Полны рога
    Творога;
Полны копытцы
    Водицы!

А дѣти говорятъ: «Слышимъ, слышимъ, не матушкинъ голосокъ, наша матушка поётъ тонкимъ голоскомъ, наша матушка не то поётъ, не такъ причитаетъ. Не отворились они Волку. Волку досадно стало, ушолъ онъ, спрятался, подслушалъ хорошенько, какъ поётъ Коза, перенялъ у нея и голосъ, и пѣсню. На другой день, Коза за молокомъ пошла, дѣтямъ наказывала: «Смотрите, не пускайте, кто поётъ не по мо́ему, не моимъ голосомъ!» А Волкъ поскорѣй прибѣжалъ, запѣлъ тонко, тѣмъ же голосомъ, какъ мать, и пѣсню такую же:

    Козлятушки,
    Дитятушки!
    Отопритеся,
    Отомкнитеся,
    Это я, Коза,
    Во бору́ была,
    Щипала траву,
    Шелко́вую,
    Пила воду
    Студёную;
    Бѣжитъ молочко
    По вы́мячку,
    Изъ вымячка
    Въ копы́течко,

Изъ копытечка
Въ сыру́ зе́млю́.

Дѣти думали, что это мать ихъ, Коза, не постереглись и о́тперли: а Волкъ вскочилъ и перѣлъ ихъ, спрятался только одинъ козлёночекъ, влѣзъ въ печку. Приходитъ Коза: всё отворено, всё пусто стоитъ, нѣтъ никого. Вылѣзъ козлёночекъ и разсказалъ ей. И начала́ она плакать:

Охъ вы дѣтушки,
Козлятушки!
На что́ же вы,
Отпиралися,
Отворялися!
Злому Волку вы
Доставалися!
Онъ васъ поѣлъ,
И меня онъ съѣстъ!

Волкъ прибѣжалъ опять, хотѣлъ кинуться на Козу, да задѣлъ за плетень брюхомъ: козлятки и выскочили изъ брюшка, прыгъ къ матери. Мать какъ обрадовалась! А Волкъ околѣлъ.

✸ ✸
✸

Повадился Медвѣдь, ходить близко избушки, ѣстъ по кустамъ малину, либо ищетъ мёду по ульямъ, да проситъ подачки. Наскучило это Бабѣ: убей, мужикъ, Медвѣдя! Гдѣ жь его убить, не сладить! И захотѣлось Бабѣ медвѣжатинки, пристаётъ пуще къ мужику, достань да достань! Пошолъ мужикъ, гдѣ достать? И видитъ, Медвѣдь спитъ при дорогѣ, растянулъ лапы: мужикъ тихонько подкрался, ударилъ топоромъ, отсѣкъ лапу, да и бѣжать. Обрадовалась Баба: варитъ медвѣжье мясо въ горшкѣ, шкурку ободрала, настригла шерсти, сама сѣла на медвѣжью кожу, сидитъ да прядётъ шорстку, а сама припѣваетъ:

Добро, Медвѣдь,
Добро, старый дѣдъ!
Я Баба сижу,
Твою шкурку сушу́,
Твоё мясо варю,
Твою шорстку пряду,
Чулки свяжу́,
Зимой попошу!

Обидно стало Медвѣдю; сдѣлалъ онъ себѣ липовую ногу, пришла ночь, побрёлъ къ избушкѣ на деревяшкѣ, клюкою подпирается и поётъ:

Скрипу́, скрипу́,
Нога липовая,
На берёзовой клюкѣ,
Калиновомъ батогѣ!

Не знаетъ Баба, кто это идётъ; а Медвѣдь все ближе:

Скрипу, скрипу,
Нога липовая!
И вода-то спитъ,
И земля-то спитъ,
И волки спятъ,
И медвѣди спятъ,
По сёламъ спятъ,
По деревнямъ спятъ:
Одна Баба не спитъ,
На моей шкуркѣ сидитъ,
Мою шорстку прядётъ,
Моё мясо варитъ.

Догадалась Баба, что это Медвѣдь за нею, бросилась на полати, лучину потушила, а въ избѣ отворила подполье. Медвѣдь влѣзъ въ избу, чуть было не съѣлъ бабу, да только въ потьмахъ оступился, бухъ въ подполье!

* * *

— 97 —

Померли отецъ съ матерью, оставались у нихъ дѣти сиротками, братецъ **Иванушка** да сестрица **Алёнушка**. Пошли они съ горя по бѣлому свѣту. Шли, шли они, и стало лѣтомъ очень жарко, хочется имъ пить. Видятъ по дорогѣ колесовиночка, гдѣ колесомъ ѣздили, а въ ней отъ дожжа вода осталась. Говоритъ братецъ Иванушка: «Ахъ, сестрица, какъ мнѣ пить хочется! Я напьюся?» Не даётъ ему сестрица Аленушка: — Не пей, братецъ, колесомъ будешь. — Шли, шли ещё, видятъ козлиныя ступенечки: «Ахъ, сестрица, напьюсь я изъ нихъ водицы?» — Не пей, братецъ, козломъ будешь. —

Не послушался Иванушка, испилъ водицы, и сталъ вдругъ козлёночкомъ, прыгаетъ и кричитъ по козлиному. Поплакала сестрица, привязала его на шолковой поясъ и идётъ вмѣстѣ. Зашли они къ доброму человѣку: а сестрица Алёнушка была красавица, понравилась ему, женился онъ; стали поживать и козлёночекъ тутъ же, гуляетъ по саду, пьётъ ѣстъ за однимъ столомъ. Только позавидовали Алёнушкѣ лихіе люди, разъ не было мужа дома, а ей навязали тяжолой камень на шею и бросили въ воду. Козлёночелъ всё видѣлъ, да сказать не могъ. Мужъ погоревалъ по Алёнушкѣ и женился на другой. Плохо стало жить козлёночку Иванушкѣ. Другая жена была злая, пристаётъ къ мужу, зарѣзать козлёночка и сварить его въ котлѣ, на кострѣ. Попросился козлёночекъ передъ смертью къ водѣ, напиться, пришолъ на бережокъ и плачетъ:

    Алёнушка,
    Сестрица моя!
    Выплы́нь, выплы́нь,
    На бе́режокъ,
    Ты выдь ко мнѣ,
    Промолвь со мной:

Костры кладутъ
Высокіе,
Котлы висятъ
Глубокіе,
Огни горятъ
Горючіе,
Смолы́ кипятъ
Кипучія,
Ножи точа́тъ
Булатные,
Хотятъ меня
Заре́зати!

А сестрица Алёнушка отвѣчаетъ ему со дна:

Ты братецъ мой,
Иванушка,
Иванушка,
Козлёночекъ!
Я рада бы
Помо́чь тебѣ,
Тебѣ тошно́,
А мнѣ тошнѣ́й:
Тяжолъ камень
Ко дну тянетъ;

Шелкова́ трава
На рукахъ свила́сь,
Ноги спутала;
Желты́ пески
На грудь легли;
Люта́ змѣя
Сердце высосала;
Бѣла́ рыба
Глаза выѣла!

Погорюетъ, погорюетъ козлёночекъ, а какъ видитъ себѣ скорую смерть, до трёхъ разъ просился къ водѣ и звалъ сестрицу. Видитъ это доброй человѣкъ, мужъ Алёнушкинъ, и пошолъ посмотрѣть, за чѣмъ козлёночекъ всё бѣгаетъ: да какъ услыхалъ, что поётъ изъ воды Алёнушка, поскорѣе кликнулъ людей, вытащили Алёнушку, срѣзали камень, снова похорошѣла она по прежнему, а другую злую жену мужъ прогналъ, и стали они жить-поживать по старому, сестрица Алёнушка съ братцемъ Иванушкой.

* *
*

98

Построила Муха **Теремокъ** и живётъ въ нёмъ. Пришла къ ней, стучится Блоха попрыгу́ха:

«Кто, кто въ терему́,
«Кто, кто въ высоко́мъ?»
— Я Муха горюха:
— Ступай ко мнѣ жить. —

Стало ихъ двое. Пришолъ Комаръ пискунъ:

«Кто, кто въ терему,
«Кто, кто въ высоко́мъ?»
— Я Муха горюха,
— Блоха попрыгу́ха:
— Ступай съ нами жить. —

Стало трое. Пришолъ Слѣпень жигу́нъ:

«Кто, кто въ терему,
«Кто, кто въ высокомъ?»
— Я Муха горюха,
— Блоха попрыгуха,
— Да Комаръ пискунъ:
— Ступай съ нами жить. —

Стало четверо; Пришла Лягушка кваку́шка:

«Кто, кто въ терему,
«Кто, въ высокомъ?»
— Я Муха горюха,
— Блоха попрыгуха,
— Камаръ пискунъ,
— Да Слѣпень жигунъ:
— Ступай съ нами жить.—
Стало пятеро. Пришла Лиса краса:
«Кто, кто въ терему,
«Кто, кто въ высокомъ?»
— Я Муха горюха,
— Блоха попрыгуха,
— Комаръ пискунъ,
— Слѣпень жигунъ,
— Лягушка квакушка:
— Ступай съ нами жить.—
Стало шестеро. Пришолъ Зайка поплутайка:
«Кто, кто въ терему,
«Кто, кто въ высокомъ?»
— Я Муха горюха,
— Блоха попрыгуха,
— Комаръ пискунъ,
— Слѣпень жигунъ,
— Лягушка квакушка,
— Да Лиса краса:
— Ступай къ намъ жить.—
Стало семеро.

Пришла Собачка, изъ подъ воротъ хамъ:

«Кто, кто въ терему,
«Кто, кто въ высокомъ?.
—Я Муха горюха,
—Блоха попрыгуха,
—Комаръ пискунъ,
—Слѣпень жигунъ,
—Лягушка квакушка,
—Лиса краса,
—Зайка поплута́йка:
—Ступай къ намъ жить.—

Стало восьмеро. Пришолъ Волкъ, изъ за кустовъ хапъ:

«Кто, кто въ терему,
«Кто, кто въ высокомъ?»
—Я Муха горюха,
—Блоха попрыгуха,
—Комаръ пискунъ,
—Слѣпень жигунъ,
—Лягушка квакушка,
—Лиса краса,
—Зайка поплутайка,
—Изъ подъ воротъ хамъ:
—Ступай къ намъ жить.—

Стало ихъ девять.

Пришолъ Медвѣдь, стучится:

«Кто, кто въ терему,
«Кто, кто въ высокомъ?»
— Я Муха горюха,
— Блоха попрыгуха,
— Комаръ пискунъ,
— Слѣпень жигунъ,
— Лягушка квакушка,
— Лиса краса,
— Зайка поплутайка,
— Изъ подъ воротъ хамъ,
— Изъ за кустовъ хапъ:

— А ты кто?—
«Я дѣдъ вáлень.»
Лёгъ, подавилъ,
Всѣхъ раздавилъ!

* *
*

99

Проситъ старикъ старуху: «Испеки, старуха, **Колобокъ**.»—Изъ чего испечь-то? Муки нѣту. — «Эхъ, старуха: ты по коробу поскреби, по сусѣку помети, авось муки наберётся.» Взяла старуха крылушко, помела по закрому, куда муку ссыпаютъ, поскребла по коробу, въ которомъ хлѣбы сажаютъ, набралось у ней муки, замѣсила на сметанѣ, изжарила въ маслѣ, какъ пряженéцъ, и вышелъ у ней славной Колобокъ, сдобной, прѣсной. Положили его постудить на окошко: Колобокъ полежалъ, полежалъ, да вдругъ и покатился, съ окна на лавку, съ лавки на полъ, къ дверямъ, перепрыгнулъ черезъ порогъ въ сѣни, изъ сѣней на крыльцо, съ крыльца на дворъ, со двора за ворота, катится по дорогѣ, а на встрѣчу Заяц: «Колобокъ, Колобокъ, я тебя съѣмъ!» — Не ѣшь меня, Зайчикъ, я тебѣ пѣсенку спою. — И запѣлъ:

Я по кóробу скребёнъ,
По сусѣку метёнъ,

На сметанѣ мѣшо́нъ,
Да я въ маслѣ пряжо́нъ,
На окошкѣ стужо́нъ;
Я у дѣдушки ушолъ,
Я у бабушки ушолъ:
У тебя, зайца,
Не хитро́ уйти!»

Укатился отъ зайца. А на встрѣчу Волкъ.
«Не ѣшь меня, волкъ, я тебѣ пѣсенку спою:

Я по коробу скребёнъ,
По сусѣку метёнъ,
На сметанѣ мѣшо́нъ,
Да я въ маслѣ пряжо́нъ,
На окошкѣ стужо́нъ;
Я у дѣдушки ушолъ,
Я у бабушки ушолъ,
Я у зайца ушолъ:
У тебя, волка,
Не хитро́ уйти!»

Укатился отъ волка. А идётъ Медвѣдь.
«Не ѣшь меня, Медвѣдь, я тебѣ пѣсенку спою:

Я по коробу скребёнъ,
По сусѣку метёнъ,

На сметанѣ мѣшо́нъ,
Да я въ маслѣ пряжо́нъ,
На окошкѣ стужо́нъ;
Я у дѣдушки ушолъ,
Я у бабушки ушолъ,
Я у зайца ушолъ,
Я у волка ушолъ:
  У тебя, медвѣдь,
  Не хитро́ уйти!»

Укатился отъ медвѣдя. Какъ на встрѣчу Лиса: «Здравствуй, Колобокъ, какой ты хоро́шенькой!» Запѣлъ ей Колобокъ:

Я по коробу скребёнъ,
По сусѣку метёнъ,
На сметанѣ мѣшо́нъ,
Да я въ маслѣ пряжо́нъ,
На окошкѣ стужо́нъ,
Я у дѣдушки ушолъ,
Я у бабушки ушолъ,
Я у волка ушолъ,
У медвѣдя ушолъ:
  У тебя, лиса,
  И пода́вно уйду!

Говоритъ Лиса: «Какая славная пѣсенка! Только я стара стала, плохо слышу: сядь-ка на мою мордочку да пропой ещё погромче.» Колобокъ вскочилъ Лисѣ на мордочку и пропѣлъ. «Спасибо, славная пѣсенка, ещё бы послушала! Сядь-ка на мой язычокъ да пропой въ послѣдній разокъ.» Лиса высунула языкъ. Колобокъ съ дуру прыгъ ей на языкъ: а Лиса амъ его, и скушала.

Въ **Сказкѣ** малымъ дѣтямъ поютъ, и сами дѣти поютъ Сказку.

Бываютъ **Пѣсни** такія же, словно Сказки: Пѣсни **Сказочныя**.

Сказка то же, что складка; и Пѣсня Сказочная та же складка: складываютъ всё, что знаютъ, рядомъ, одно при другомъ либо одно за другимъ. И выходитъ складно, въ Пѣснѣ есть складъ.

Сперва въ Пѣснѣ поютъ о дѣдушкѣ и бабушкѣ, какъ испекли колобокъ, тамъ на встрѣчу зайчикъ, за зайцемъ волкъ, за волкомъ медвѣдь, за медвѣдемъ лиса. Всѣхъ обойдётъ пѣсня, кругомъ, пока пѣсня кончится.

Есть у Пѣсни начало, есть серёдка на половинѣ, есть и конецъ. Нельзя начинать съ конца; и съ начала къ концу нельзя перепрыгнуть. Пѣсню поютъ, какъ по ступенькамъ идутъ, отъ начала къ серёдкѣ, отъ серёдки къ концу, по ряду. Кто поётъ по ряду, у того въ пѣснѣ бываетъ порядокъ, тотъ поётъ въ порядкѣ, умѣетъ пѣть. А безъ ряду не будетъ въ пѣснѣ складу.

Въ Играхъ есть свой черёдъ и жеребій: есть очередь и въ каждой пѣснѣ.

Крошечныя дѣти не умѣютъ пѣть хорошенько, въ порядкѣ: набираютъ, что попало, и выходитъ у нихъ часто путаница. А постарше, побольше, тѣ знаютъ, съ чего начать и какъ кончить пѣсню.

Коза ходитъ въ стадѣ, въ стадѣ ходитъ и конь, на конѣ поѣдутъ въ лѣсъ, лѣсъ, случается, выточутъ черви, червей поклюютъ гуси, гуси въ тростникъ уйдутъ, тростникъ поломаютъ дѣвушки, дѣвушки за мужъ пойдутъ.—Другой разъ вѣтеръ нагонитъ тучу, туча прольётъ воду, вода тушитъ огонь, огонь палитъ камни, объ камень точатъ топоръ, топоромъ рубятъ дерево, изъ дерева вырубятъ дубину, дубиною погонятъ медвѣдя, медвѣдь на волка, волкъ за козой, коза прибѣжитъ къ мужику: коза и воротилась. Всё это промежду собою связано.

Затронемъ мы одно, затронемъ и другое: запоёмъ объ одномъ, запоёмъ и объ другомъ, объ третьемъ; отъ одного пойдёмъ къ другому, къ третьему, пока вся пѣсня кончится. Кончится пѣсня, и будетъ она съ началомъ, съ концомъ; выйдетъ цѣлая пѣсня. Пѣсня поётся и **складно**, и **связно**.

Сказка тоже складная, связная: только иногда сказываютъ очень долго, длинно, и конца не видать. Старшіе, кто сказываетъ, а особенно старушки, набираютъ въ Сказку, въ серёдку, всякую всячину, чѣмъ только занять малыхъ дѣтей, либо одну Сказку вяжутъ съ другою. Маленькія дѣти это любятъ.

А Пѣсня дѣтская покороче, её тяжело пѣть голосомъ долго, скорѣй устанешь. Нужно поумнѣй свести пѣсню къ концу: конецъ дѣлу вѣнецъ. Начнётъ пѣсня объ козѣ, и покажетъ всё, что съ козою было, что **случилось**, чѣмъ **кончилось**.

* *
*

Вотъ какъ пѣсня начнётъ съ Козы, а вотъ чѣмъ пѣсня кончится:

🙘 100 🙚

„Коза, Коза,
«Лубяны́е глаза!
«Гдѣ ты́ была?»
—Коне́й стерегла.—
«А гдѣ кони́?»
—Они въ лѣсъ ушли.—
«А гдѣ тотъ лѣсъ?»
—Огнёмъ сгорѣлъ.—
«А гдѣ огонь?»
—Водой за́лили.—
«А гдѣ вода?»
—Быки вы́пили.—
«А гдѣ быки?»
—Въ гору́ ушли.—
«А гдѣ гора?»
—Че́рви вы́точили.—
«А гдѣ черви́?»
—Гуси вы́клевали.—

«А гуси гдѣ?»

—Въ тростникъ ушли.—

«А гдѣ тростникъ?»

—Дѣвки выломали.—

«А дѣвки гдѣ?»

—За мужъ пошли.—

«А гдѣ мужья?»

—Всѣ примерли.—

«А гдѣ гробы?»

—Всѣ погнили.—

«А гдѣ душа?»

—Душа на небѣ.—

Стало быть, негдѣ искать Козы, пропала Коза.

* *
*

Тутъ всё равно цѣпляется слово за слово, другъ за друга, какъ въ дѣтской игрѣ нога за сучку, сучка за внучку, внучка за бабку, бабка за дѣдку, а дѣдка всё—таки за рѣпку, и всё таки рѣпку вытащили. Дѣти играютъ же въ Рѣпку: и эту Козу можно дѣтямъ играть. Сказку можно пропѣть, а Пѣсню можно съиграть.

Дѣти посодятъ кого ни будь Козою, а больше сажаютъ дѣвочку, смѣются вокругъ, какъ кричитъ Коза, «бя — бя», теребятъ её и начнутъ допрашивать: «Гдѣ ты была?» Коза отвѣтитъ. Потомъ опять спросятъ, «А гдѣ кони,» «А гдѣ тотъ лѣсъ» и такъ всё дальше, всё набираютъ, спросъ да отвѣтъ, пока ужъ нечего больше спрашивать; и Козѣ надоѣстъ отвѣчать: вскочитъ она, да кого словитъ, тотъ садись Козою на мѣсто. А первая Коза кончилась, ушла: коли хочешь, начинай игру и пѣсню снова.

Тутъ можно прибирать разные спросы и отвѣты, можно долго играть и много пѣть. А всё же спросамъ и отвѣтамъ, игрѣ и пѣснѣ есть конецъ.

И точно, хочется сыскать Козу, куда она ушла и когда вернётся назадъ.

* *
*

Объ томъ же ещё есть другая пѣсня.

101

Пошолъ Козёлъ за лыками,
Коза за орѣхами:
Пришолъ Козёлъ съ лыками,
Нѣтъ Козы съ орѣхами.
Добро́ же ты, Коза,
Нашлю на тебя Волковъ!
Волки не йдутъ Козу ѣсть:
Нѣтъ Козы съ орѣхами,
Нѣтъ Козы съ ядрёными.
Добро же вы, Волки,
Нашлю я на васъ Людей!
Люди не йдутъ Волковъ гнать,
Волки не йдутъ Козу ѣсть:
Нѣтъ Козы съ орѣхами,
Нѣтъ Козы съ ядрёными.
Добро же вы, Люди,
Нашлю я на васъ Медвѣдя!
Медвѣдь не йдетъ Людей драть,
Люди не йдутъ Волковъ гнать,
Волки не йдутъ Козу ѣсть:

Нѣтъ Козы съ орѣхами,
Нѣтъ Козы съ ядрёными.

Добро же ты, Медвѣдь,
Нашлю на тебя Дубьё!

Дубьё не идетъ Медвѣдя бить,
Медвѣдь не идетъ Людей драть,
Люди не идутъ Волковъ гнать,
Волки не идутъ Козу ѣсть:
Нѣтъ Козы съ орѣхами,
Нѣтъ Козы съ ядрёными.

Добро же ты, Дубьё,
Нашлю на тебя Топоръ!

Топоръ не идетъ Дубьё рубить,
Дубьё не идетъ Медвѣдя бить,
Медвѣдь не идетъ Людей драть,
Люди не идутъ Волковъ гнать,
Волки не идутъ Козу ѣсть:
Нѣтъ Козы съ орѣхами,
Нѣтъ Козы съ ядрёными.

Добро же ты, Топоръ,
Нашлю на тя Камень!

Камень не идетъ Топоръ вострить,
Топоръ не идетъ Дубьё рубить,
Дубьё не идетъ Медвѣдя бить,
Медвѣдь не идетъ Людей драть,

Люди не йдутъ Волковъ гнать,
Волки не йдутъ Козу ѣсть:
Нѣтъ Козы съ орѣхами,
Нѣтъ Козы съ ядрёными.

Добро же ты, Камень,
Нашлю на тебя Огонь!

Огонь не идетъ Камень жечь,
Камень не идетъ Топоръ вострить,
Топоръ не идетъ Дубьё рубить,
Дубьё не идетъ Медвѣдя бить,
Медвѣдь не идетъ людей драть,
Люди не йдутъ Волковъ гнать,
Волки не йдутъ Козу ѣсть:
Нѣтъ Козы съ орѣхами,
Нѣтъ Козы съ ядрёными.

Добро же ты, Огонь,
Нашлю на тя Воду!

Вода не идетъ Огонь лить,
Огонь не идетъ Камень жечь,
Камень не идетъ Топоръ вострить,
Топоръ не идетъ Дубьё рубить,
Дубьё не идетъ Медвѣдя бить,
Медвѣдь не идетъ Людей драть,

Люди не йдутъ Волковъ гнать,
Волки не йдутъ Козу ѣсть:
Нѣтъ Козы съ орѣхами,
Нѣтъ Козы съ ядрёными.

Добро же ты, Вода,
Нашлю на тебя Быковъ!

Быки не йдутъ Воду пить,
Вода не йдётъ Огонь лить,
Огонь не йдётъ Камень жечь,
Камень не йдётъ Топоръ вострить,
Топоръ не йдётъ Дубьё рубить,
Дубьё не йдётъ Медвѣдя бить,
Медвѣдь не йдётъ Людей драть,
Люди не йдутъ Волковъ гнать,
Волки не йдутъ Козу ѣсть:
Нѣтъ Козы съ орѣхами,
Нѣтъ Козы съ ядрёными.

Добро же вы, Быки,
Нашлю я на васъ Обухъ!

Обухъ не йдётъ Быковъ валить,
Быки не йдутъ Воду пить,
Вода не йдётъ Огонь лить,
Огонь не йдётъ Камень жечь,
Камень не йдётъ Топоръ вострить,

Топоръ не йдётъ Дубьё рубить,
Дубьё не йдётъ Медвѣдя бить,
Медвѣдь не йдётъ Людей драть,
Люди не йдутъ Волковъ гнать,
Волки не йдутъ Козу ѣсть:
Нѣтъ Козы съ орѣхами,
Нѣтъ Козы съ ядрёными.

Добро же ты, Обухъ,
Нашлю на тебя Червей!

Черви не йдутъ Обухъ точить,
Обухъ не йдётъ Быковъ валить,
Быки не йдутъ Воду пить,
Вода не йдётъ Огонь лить,
Огонь не йдётъ Камень жечь,
Камень не йдётъ Топоръ вострить,
Топоръ не йдётъ Дубьё рубить,
Дубьё не йдётъ Медвѣдя бить,
Медвѣдь не йдётъ Людей драть,
Люди не йдутъ Волковъ гнать,
Волки не йдутъ Козу ѣсть:
Нѣтъ Козы съ орѣхами,
Нѣтъ Козы съ ядрёными.

Добро же вы, Черви,
Нашлю я на васъ Гусей!

Гуси пошли Червей клевать,
Черви пошли Обухъ точить,
Обухъ пошолъ Быковъ валить,
Быки пошли Воду пить,
Вода пошла огонь лить,
Огонь пошолъ Камень жечь,
Камень пошолъ Топоръ востримь,
Топоръ пошолъ Дубьё рубить,
Дубьё пошло Медвѣдя бить,
Медвѣдь пошолъ Людей драть,
Люди пошли Волковъ гнать,
Волки пошли Козу ѣсть:
Вотъ Коза съ орѣхами,
Вотъ Коза съ лущёными!

* *
*

Такія же похожія пѣсни есть у дѣтей ещё:

102

„Станемъ мы, мужинушка,
«Домикъ наживать,
«Поѣдемъ, мужинушка,
«Въ торгъ торговать!»

ГУСИ ПОШЛИ ЧЕРВЕЙ КЛЕВАТЬ

Поѣхалъ мужинушка
Во торгъ торговать,
Купилъ мнѣ мужинушка
    Курочку:
Курочка по сѣнюшкамъ
Тю—у—къ, тю—рю—рюкъ!

Поѣхалъ мужинушка
Во торгъ торговать,
Купилъ мнѣ мужинушка
    Уточку:
        Уточка уть—уть—уть,
Курочка по сѣнюшкамъ
Тю—у—къ, тю—рю—рюкъ!

Поѣхалъ мужинушка
Во торгъ торговать,
Купилъ мнѣ мужинушка
    Гу́сыньку:
        Гусынька га—га́, га—га́,
        Уточка уть—уть—уть,
Курочка по сѣнюшкамъ
Тю—у—къ, тю—рю—рюкъ!

Поѣхалъ мужинушка
Во торгъ торговать,

Купилъ мнѣ мужинушка
 Индюшку:
  Индюшка шулды́-булды́,
  Гусынька га—га, га—га,
  Уточка уть—уть—уть,
Курочка по сѣнюшкамъ
Ту—у—къ, тю—рю—рюкъ!

 Поѣхалъ мужинушка
Во торгъ торговать,
Купилъ мнѣ мужинушка
 Свинушку:
  Свинушка рюхи́-рюхи́,
  Индюшка шулды-булды,
  Гусынька га—га, га—га,
  Уточка уть—уть—уть,
Курочка по сѣнюшкамъ
Тю—у—къ, тю—рю—рюкъ!

 Поѣхалъ мужинушка
Во торгъ торговать,
Купилъ мнѣ мужинушка
 Барашка:
  Барашекъ бя—бя, бя—бя,
  Свинушка рюхи-рюхи,
  Индюшка шулды-булды,

Гусынька га-га, га-га,
Уточка уть-уть-уть,
Курочка по сѣнюшкамъ
Тю-у-къ, тю-рю-рюкъ!

Поѣхалъ мужинушка
Во торгъ торговать,
Купилъ мнѣ мужинушка
Козыньку:
Козынька ме-кé, ке-кé,
Барашекъ бя-бя, бя-бя,
Свинушка рюхи-рюхи,
Индюшка шулды-булды,
Гусынька га-га, га-га,
Уточка уть-уть-уть,
Курочка по сѣнюшкамъ
Тю-у-къ, тю-рю-рюкъ!

Поѣхалъ мужинушка
Во торгъ торговать,
Купилъ мнѣ мужинушка
Тёлочку:
Тёлочка му-мý, му-мý,
Козычька ме-ке, ке-ке,
Барашекъ бя-бя, бя-бя,
Свинушка рюхи-рюхи,

Индюшка шулды-булды,
Гусынька га-га, га-га,
Уточка уть-уть-уть,
Курочка по сѣнюшкамъ
Тю-у-къ, тю-рю-рюкъ!

* *
*

─── 103 ───

Служилъ я хозяину
Первое лѣто,
Далъ же мнѣ хозяинъ
Курочку за это:
Моя Курка бѣлокурка,
По сѣничкамъ, по сѣмячкамъ,
Со́ритъ-шевыри́тъ.

Служилъ я хозяину
Дру́гое лѣто,
Далъ же мнѣ хозяинъ
Уточку за это:
Уточка съ носка́ плоска́,

Моя Утка поплыву́тка,
Поплывутка, водому́тка,
Моя Курка бѣдокурка,
По сѣничкамъ, по сѣмячкамъ,
Соритъ-шевыритъ.

Служилъ я хозяину
Тре́тье лѣто,
Далъ же мнѣ хозяинъ
Гусыньку за это:

Моя Гуска водоплюска,
Моя Утка поплывутка,
Поплывутка, водомутка,
Моя Курка бѣдокурка,
По сѣничкамъ, по сѣмячкамъ,
Соритъ-шевыритъ.

Служилъ я хозяину
Четвёртое лѣто,
Далъ же мнѣ хозяинъ
Сви́нушку за это:

Сви́нушка ряба́-пестра́,
Моя Гуска водоплюска,
Моя Утка поплывутка,
Поплывутка, водомутка,

Моя Курка бѣдокурка,
По сѣничкамъ, по сѣмячкамъ
Соритъ-шевыритъ.

Служилъ я хозяину
Пятое лѣто,
Далъ же мнѣ хозяинъ
Козыньку за это:
    Козынька бѣла́-руса́,
    Свинушка ряба-пестра,
    Моя Гуска водоплюска,
    Моя Утка поплывутка,
    Поплывутка, водомутка,
    Моя Курка бѣдокурка,
По сѣничкамъ, по сѣмячкамъ,
Соритъ-шевыритъ.

Служилъ я хозяину
На шестое лѣто,
Далъ же мнѣ хозяинъ
Барашка за это:
    Мой Баранъ матёръ-пятёръ,
    Козынька бѣла-руса,
    Свинушка ряба-пестра,
    Моя Гуска водоплюска,

  Моя Утка поплывутка,
   Поплывутка, водомутка,
   Моя Курка бѣдокурка,
По сѣничкамъ, по сѣмячкамъ,
Соритъ-шевыритъ.

  Служилъ я хозяину
На седьмое лѣто,
Далъ же мнѣ хозяинъ
Тёлушку за это:
   А Телица хвостуница,
   Мой Баранъ матёръ-пятёръ,
   Козынька бѣла-руса,
   Свинушка ряба-пестра,
   Моя Гуска водоплюска,
   Моя Утка поплывутка,
   Поплывутка, водомутка,
   Моя Курка бѣдокурка,
По сѣничкамъ, по сѣмячкамъ,
Соритъ-шевыритъ.

  Служилъ я хозяину
На восьмое лѣто,
Далъ же мнѣ хозяинъ
Быченьку за это:

А мой Быкъ годови́къ,
А Телица хвостуница,
Мой Баранъ матёръ-пятёръ,
Козынька бѣла-руса,
Свинушка ряба-пестра,
Моя Гуска водоплюска,
Моя Утка поплывутка,
Поплывутка, водомутка,
Моя Курка бѣдокурка,
По сѣничкамъ, по сѣмячкамъ,
Соритъ-шевыритъ.

* * *

104

Было у вдовушки
Восемь дочерей.
Ста́ла ихъ вдовушка
За́ мужъ отдавать:
Даётъ первой до́чери
    Быка да козла,
Доморо́щеные.

СТАНЕМЪ МЫ МУЖИНУШКА ДОМИКЪ НАЖИВАТЬ

Было у вдовушки
Восемь дочерей.
Стала ихъ вдовушка
За мужь отдавать:
Даётъ другой дочери
  Два́ быка,
  Два́ козла,
Доморощеные.

Было у вдовушки
Восемь дочерей.
Стала ихъ вдовушка
За мужь отдавать:
Даётъ третьей дочери
  Три́ быка,
  Три́ козла,
Доморощеные.

Было у вдовушки
Восемь дочерей.
Стала ихъ вдовушка
За мужь отдавать:
Даётъ на четвёртую
  Четы́ре быка,
  Четы́ре козла,
Доморощеные.

Было у вдовушки
Восемь дочерей.
Стала ихъ вдовушка
За мужъ отдавать:
Даётъ пятой дочери
   Пя́ть быковъ,
   Пя́ть козловъ,
Доморощеные.

Было у вдовушки
Восемь дочерей,
Стала ихъ вдовушка
За мужъ отдавать:
Даётъ шестой дочери
   Ше́сть быковъ,
   Ше́сть козловъ,
Доморощеные.

Было у вдовушки
Восемь дочерей.
Стала ихъ вдовушка
За мужъ отдавать:
Даётъ седьмой дочери
   Семь быко́въ,
   Семь козло́въ,
Доморощеные.

Было у вдовушки
Восемь дочерей.
Стала ихъ вдовушка
За мужь отдавать:
Даётъ восьмой дочери
    Во́семь быковъ,
    Во́семь козловъ,
    Семь быко́въ,
    Семь козло́въ,
    Ше́сть быковъ,
    Ше́сть козловъ,
    Пять быковъ,
    Пять козловъ,
    Четы́ре быка,
    Четы́ре козла,
    Три́ быка,
    Три́ козла,
    Два́ быка,
    Два́ козла,
    Быкъ
    Да козёлъ
Доморощеные.

* *

10⁵

Было у младёшеньки
Семеро братьёвъ.
Пойду я младёшенька
Ко первому братцу;
Даётъ же мнѣ **братецъ**
Вола да козла:
Стало у младёшеньки
   Волъ да козёлъ,
   Былъ да ушолъ.

 Пойду я младёшенька
Ко другому братцу;
Даётъ же мнѣ братецъ
Вола да козла:
Стало у младёшеньки
   Два́ вола,
   Два́ козла,
   Волъ да козёлъ,
   Былъ да ушолъ.

 Пойду я младёшенька
Ко третьему братцу;

Даётъ же мнѣ братецъ
Вола да козла:
Стало у младёшеньки
    Три вола,
    Три козла,
    Два вола,
    Два козла,
    Волъ да козёлъ,
    Былъ да ушолъ.

    Пойду я младёшенька
Къ четвёртому братцу;
Даётъ же мнѣ братецъ
Вола да козла:
Стало у младёшеньки
    Четыре вола́,
    Четыре козла́,
    Три вола,
    Три козла,
    Два вола,
    Два козла,
    Волъ да козёлъ,
    Былъ да ушолъ.

    Пойду я младёшенька
Ко пятому братцу;

Даётъ же мнѣ братецъ
Вола до козла:
Стало у младёшеньки
   Пять воловъ,
   Пять козловъ,
   Четыре вола́,
   Четыре козла́,
   Три́ вола,
   Три́ козла,
   Два́ вола,
   Два́ козла,
   Волъ да козёлъ,
   Былъ да ушолъ.
  Пойду я младёшенька
Ко шестому братцу;
Даётъ же мнѣ братецъ
Вола да козла:
Стало у младёшеньки
   Шѣсть воловъ,
   Шѣсть козловъ,
   Пять воловъ,
   Пять козловъ,
   Четыре вола́,
   Четыре козла́,
   Три́ вола,
   Три́ козла,

Два́ вола,
Два́ козла,
Волъ да козёлъ,
Былъ да ушолъ.

Пойду я младёшенька
Ко седьмому братцу;
Даётъ же мнѣ братецъ
Вола да козла:
Стало у младёшеньки
Семь воло́въ,
Семь козло́въ,
Ше́сть воловъ,
Ше́сть козловъ,
Пять воловъ,
Пять козловъ,
Четыре вола́,
Четыре козла́,
Три́ вола,
Три́ козла,
Два́ вола,
Два́ козла,
Волъ да козёлъ,
Былъ да ушолъ.

*   *
*

106

Ѣхали бояре на охоту погулять,
Поймали бояре **Чечоточку**,
Садили Чечоточку въ клѣточку,
Въ клѣточку, за рѣшоточку.

    Вывела Чечоточка семь дочерей:
        Дарью,
        Да Марью,
        Арину,
        Марину,
        Степаниду,
        Салмониду,
    А седьмую Катерину,
        Душу Катеньку.

    Летала Чечоточка въ торгъ торговать,
Въ торгъ торговать и наряду закупать:
        Дарьѣ шубку,
        Марьѣ юбку,
        Аринѣ чулки,
    А Маринѣ башмаки,

   Степанидѣ душегрѣйку,
   Салмонидѣ на шубейку,
  Катеринѣ холодецъ,
  Пойдётъ Катя во дворецъ.

Принялась Чечоточка Богу молить:
«Помилуй Ты, Боже, моихъ семь дочерей,
   Дарью,
   Да Марью,
   Арину,
   Марину,
   Степаниду,
   Салмониду,
  А седьмую Катерину,
   Душу Катеньку!»

Вздумала Чечоточка тёщею слыть,
Выбрала Чечоточка семеро зятьёвъ:
   Степана,
   Романа,
   Андрея,
   Гордѣя,
   Клементья,
   Дементья,
  Седьмаго Лексѣя,
   Душу Лёшеньку.

Привелось Чечоточкѣ пиръ пировать,
Пиръ пировать, дочерей отдавать:
  Дарью за Степана,
  Марью за Романа,
  Арину Андрею,
  Марину Гордѣю,
  Степаниду за Клементья,
  Салмониду за Дементья,
Катерину за Лексѣя,
  Душу Лёшеньку.

Нажила Чечоточка десять паръ внучатъ,
Десять паръ внучатъ, всѣ на бубушку глядятъ:
  Двухъ сиднёвъ,
  Двухъ лежнёвъ,
  Двухъ безногихъ,
  Двухъ хромыхъ,
Да двухъ по́ползневъ;
  Двѣ Акульки,
  Двѣ Алёнки,
  Двѣ Наташки,
  Двѣ Дарюшки
Да двѣ рюшки.

Двѣ Акульки въ люлькѣ
  Качаются;

Двѣ Алёнки во пелёнкахъ
    Дрягаются;
Двѣ Наташки у кашки питаются;
Двѣ Дарюшки ко краюшкѣ
    Подвигаются;
Двѣ Арёшки на рогожкѣ
    Разгуляются.

* *

— 107 —

Воробей Чечотушку кличетъ,
Молодой молодую кличетъ;
На ту пору чечотушки,
На ту пору чечотушки
    Дома нѣту:
Поѣхала чечотушка,
Поѣхала чечотушка
    Къ торгу.
У ней девять дочерей,
У ней девять дочерей,
По платочночку купить,
И Аксинья, Афросинья,

И кривуша, поморгуша,
И два сѣдня, и два лежня,
И два пóползня полóзятъ,
    Эй полозятъ.

*

Воробей чечотушку кличетъ,
Молодой молодую кличетъ;
На ту пору чечотушки
    Дома нѣту:
Поѣхала чечотушка
    Къ торгу.
У ней девять дочерей,
По юбчёночкѣ купить,
И Аксинья, Афросинья,
И кривуша, поморгуша,
И два сѣдня, и два лежня,
И два поползня полозятъ,
    Эй полозятъ.

*

Воробей чечотушку кличетъ,
Молодой молодую кличетъ;
На ту пору чечотушки
    Дома нѣту:
Поѣхала чечотушка
    Къ торгу.

У ней девять дочерей,
По лаптёночкамъ купить,
И Аксинья, Афросинья,
И кривуша, поморгуша,
И два сѣдня, и два лежня,
И два поползня полозятъ,
Эй полозятъ.

* * *

108

„Заенька, сѣренькой, гдѣ ты побы-
валъ?»
—Побывалъ я, Заенька, былъ-побывалъ
Въ огородѣ-ёльничкѣ,
Въ амбарчикѣ-спалыничкѣ.—

«Кого же ты, Заенька, видалъ-повидалъ?»
—Видалъ-повидалъ я три дѣвицы,
—Видалъ-повидалъ три красавицы:
Арюшенька черноглаза,
Варюшенька черноброва,
Катюшенька удала́,
Катюшенька лучше всѣхъ.—

«Заенька, сѣренькой, звали ли тебя?»
—Звали-позывали меня въ гости гостить,
    Арюшенька на часокъ,
    Варюшенька на денёкъ,
    Катюшенька удала́
    На недѣльку позвала.—

«Заенька, сѣренькой, кормили ли тебя?»
    —Арюшенька-то блинами,
    Варюшенька пирогами,
    Катюшенька удала́
    Кашу съ масломъ подала.—

«Заенька, сѣренькой, поили ли тебя?»
    —Арюшенька-то пивцомъ,
    Варюшенька-то винцомъ,
    Катюшенька удала́
    Стаканъ мёду поднесла.—

«Заенька, сѣренькой, гдѣ клали спать
                          тебя?»
    —Арюшенька на лавку,
    Варюшенька подъ лавку,
    Катюшенька удала́
    Подушечку мнѣ дала.—

«Заенька, сѣренькой, не били ли тебя?»
— Арюшенька кулакомъ,
Варюшенька кирпичомъ,
Катюшенька удалá
За у́шеньки подрала. —

«Заенька, сѣрой, провожали ли тебя?»
— Арюшенька на сѣнéцъ,
Варюшенька на крылецъ,
Катюшенька удалá
За ворóта провела. —

* *
*

—⁕— 109 —⁕—

Утка Селезня любила,
Сизъ-косатаго хвалила,
Синь кафтанъ ему купила:
Люли, люли, селезéнь,
Люли, люли, молодóй,
Чернобровой селезéнь,
Черноглазой селезéнь,
Въ кафтанѣ селезéнь.

Утка селезня любила,
Сизъ-косатаго хвалила,
Кушачокъ ему купила:
 Люли, люли, селезéнь,
 Люли, люли, молодой,
 Чернобровой селезéнь,
 Черноглазой селезéнь,
 Въ кафтанѣ селезéнь,
 Подпоясанъ селезéнь.
Утка селезня любила,
Сизъ-косатаго хвалила,
Чорну шляпу подарила:
 Люли, люли, селезень,
 Люли, люли, молодой,
 Чернобровой селезень,
 Черноглазой селезень,
 Въ кафтанѣ селезень,
 Подпоясанъ селезень,
 Чорна шляпа со перомъ.
Утка селезня любила,
Сизъ-косатаго хвалила,
Рукавицы подарила:
 Люли, люли, селезень,
 Люли, люли, молодой,
 Чернобровой селезень,
 Черноглазой селезень,

Въ кафтанѣ селезень,
Подпоясанъ селезень,
Чорна шляпа со перомъ,
Рукавицы съ серебромъ.
Утка Селезня любила,
Сизъ-косатаго хвалила,
Платокъ вязаной дарила:
 Люли люли, селезе́нь,
 Люли, люли, молодой,
 Чернобровой селезе́нь,
 Черноглазой селезе́нь,
 Въ кафтанѣ селезе́нь
 Подпоясанъ селезе́нь,
 Чорна шляпа со перомъ,
 Рукавицы съ серебромъ,
 Платокъ вязаной на нёмъ.
Утка селезня любила,
Сизъ-косатаго хвалила,
Сапоги ему купила:
 Люли, люли, селезе́нь,
 Люли, люли, молодой,
 Чернобровой селезе́нь,
 Черноглазой селезе́нь,
 Въ кафтанѣ селезе́нь,
 Подпоясанъ селезе́нь,

Чорна шляпа со перомъ,
Рукавицы съ серебромъ,
Платокъ вязаной,
Сапогъ мазаной.

Маленькія дѣти поютъ и пѣсни коротенькія; да и пѣсней у нихъ не много. Поютъ однимъ голосомъ, на одинъ ладъ: и Сороку, и Пастушка, и Кота, и Пѣтушка, и Рыжика.

Выростутъ дѣти побольше, и пѣсней у нихъ больше: знаютъ иныя цѣлой десятокъ, и десятка два, три. Одну пѣсню поютъ скорѣй, другую тянутъ дольше. Одна пѣсня бываетъ повеселѣй, отъ другой плакать хочется: о Пѣтушкѣ, о Галкѣ весёлая, объ Алёнушкѣ невеселая, объ Медвѣдѣ хромомъ какая-то страшная. Иная пѣсня поётся такъ, а другая по другому **голосу**, на другой **ладъ**.

И голосъ у пѣсни бываетъ либо весёлой, либо невесёлой, унылой; либо скорой, либо нескорой, протяжной.

Кто постарше, тотъ знаетъ, какую пѣсню пропѣть какимъ голосомъ: умѣетъ напѣвать одну пѣсню такъ, а другую иначе. Кто полновчій да поголосистый, тотъ и поётъ лучше, знаетъ разные напѣвы. **Напѣвы** въ пѣсняхъ бываютъ разные.

Какъ наживали домикъ, пѣсня сперва пропоётъ объ Курочкѣ, потомъ объ Уточкѣ; прибавитъ Гусыньку, а Курочку съ Уточкой опять помянетъ, чтобъ не забыть; за Гусынькой Индюшка, а Курочку съ Гусынькой и Уточкой пропоётъ другой разъ; подъ конецъ всѣхъ перечтётъ, чтобъ вышелъ у хозяина цѣлой домъ.

Одно и то же твердятъ въ пѣснь разъ, твердятъ и другой, и третій, по очереди.

Въ играхъ бываетъ припѣвъ: бываетъ **Припѣвъ** и у пѣсней. Припѣвъ припѣваютъ не одинъ разъ, а повторяютъ, сколько придётся.

Пѣсня идётъ сама по себѣ, вперёдъ; набираетъ себѣ, что слѣдуетъ: а припѣвъ одинъ и тотъ же, твердитъ всё то же да одно же.

Какъ наживали домикъ, пѣсню поютъ однимъ голосомъ: «*Станемъ мы, мужинушка, домикъ наживать*». А припѣвъ поютъ другимъ голосомъ, поскорѣе: «*Уточка уть-уть-уть, Гусынька га-га-га-га*». Поютъ иную пѣсню, длинную, а къ ней припѣваютъ другую коротенькую, поскорѣй и повеселѣй: «*Ай люли*», либо «*Калина-малина*», либо другую припѣвку.

Припѣвы бываютъ разные и поютъ ихъ разнымъ голосомъ, на разный ладъ.

Кто знаетъ разные припѣвы, тотъ знаетъ, какъ и пѣть ихъ, какимъ голосомъ. Маленькія дѣти не умѣютъ того. И большія дѣти учатся у старшихъ, на какой ладъ пѣть пѣсни съ припѣвами. Не знавши, лучше за такія пѣсни и не браться.

Иныя дѣти выучатся и поютъ пѣсни съ припѣвами по серёдкѣ:

110

„Иванъ, Иванъ,
«Что ты дѣлаешь?»
        Да-ли, гой-да!

—Косы треплю.—
 Да-ли, гой-да!
«На что тебѣ косы?»
 Да-ли, гой-да!
—Сѣно косить.—
 Да-ли, гой-да!
«На что тебѣ сѣно?»
 Да-ли, гой-да!
—Коней кормить.—
 Да-ли, гой-да!
«На что тебѣ кони?»
 Да-ли, гой-да!
—Въ лѣсы ѣхать.—
 Да-ли, гой-да!
«На что тебѣ лѣсы?»
 Да-ли, гой-да!
—Дрова рубить.—
 Да-ли, гой-да!
«На что тебѣ дрова?»
 Да-ли, гой-да!
—Печку топить.—
 Да-ли, гой-да!
«На что тебѣ печка?»
 Да-ли,-гой-да,
—Кашу варить.—
 Да-ли, гой-да!

«На что тебѣ каша?»
              Да-ли, гой-да!
—Дѣтей кормить.—
              Да-ли, гой-да!
«На что тебѣ дѣти?»
              Да-ли, гой-да!
—Богу молить.—
              Да-ли, гой-да!
«За чтó молить Богу?»
              Да-ли, гой-да!
—За отца за мáтерь.—
              Да-ли, гой-да!

* * *

111

Сидитъ, сидитъ **Зайчикъ**
    Подъ кустомъ,
    Подъ кустомъ;
Охотнички ѣдутъ
    По пустóмъ,
    По пустóмъ:
«Вы, охотнички, скачúте,
«На мой хвóстикъ поглядите,
    «Я не вашъ,
    «Я ушолъ!»

Сидитъ бѣлой зайка,
Ушки жмётъ,
Ушки жмётъ;
Охотнички скачутъ
Въ мимолётъ,
Въ мимолётъ:
«Вы, охотнички, скачите,
«Меня Зайку не ищите,
«Я не вашъ,
«Я ушолъ!»

* *
*

—⚜— 112 —⚜—

На рѣкѣ ль, на рѣчкѣ,
На рѣчкѣ быстрой,
На рѣчкѣ быстрой
Купался **Бобёръ**,
Купался бобёръ,
Купался сѣрой,
Не выкупался, да,
Лишь вымарался.

На берегъ вошолъ,
Обтряхивался,
    На горку пошолъ,
     Обсушивался.
Охотнички рыщутъ,
Охотнички свищутъ,
    Сѣра́ бобра ищутъ,
     Хотятъ бобра бить.
Хотятъ бобра бить,
Хотятъ застрѣлить,
    Хотятъ застрѣлить,
     Кунью шубу сшить,
Кунью шубу сшить,
Бобромъ опушить,
    Бобромъ опушить,
     Жену снарядить,
Жену снарядить,
Къ обѣдни пустить,
    Къ обѣдни пустить,
     Во слѣдъ поглядѣть.

* *
*

113

Въ тёмномъ лѣсѣ,
Въ тёмномъ лѣсѣ,
Въ тёмномъ лѣсѣ,
Въ тёмномъ лѣсѣ,
  Въ залѣсью,
  Въ залѣсью,
Порублю я,
Порублю я,
Порублю я,
Порублю я
  Пасѣку,
  Пасѣку;
Распашу ль я,
Распашу ль я,
Распашу ль я,
Распашу ль я,
  Пашеньку,
  Пашеньку;
Посѣю ль я,
Посѣю ль я,
Посѣю ль я,
Посѣю ль я,
Конопель,
Конопель:

Уродися,
Уродися,
Уродися,
Уродися,

   Мой конопель,
   Мой зеленóй!

Уродился,
Уродился,
Уродился,
Уродился

   Мой конопель,
   Мой зеленóй:

Тонокъ, дóлогъ,
Тонокъ, дóлогъ,
Тонокъ, дóлогъ,
Тонокъ, дóлогъ,

   Бѣлъ, волокнистъ,
   Бѣлъ, волокнистъ.

Повадился,
Повадился,
Повадился,
Повадился,

   Воръ—воробей.
   Воръ—воробей,

Въ мою конопельку,
Въ мою зеленую,
Въ мою конопельку,
Въ мою зеленую
   Летати,
   Летати,
Мою конопельку,
Мою зеленую,
Мою конопе́льку,
Мою зеленую
   Клевати,
   Клевати.
Ужь я жь его,
Ужь я жь его,
Ужь я жь его,
Ужь я жь его
   Изловлю,
   Изловлю;
Крылья-перья,
Крылья-перья,
Крылья-перья,
Крылья-перья
   Ощиплю,
   Ощиплю:
Онъ не будетъ,
Онъ не станетъ,

Онъ забудетъ,
Перестанетъ
   Летати,
   Летати,
Мою конопельку,
Мою зеленую,
Мою конопельку,
Мою зеленую
   Клевати,
   Клевати.

114

Какъ на синемъ на морѣ
Плаваетъ **Корабь**,
Какъ на синемъ на морѣ
Плаваетъ корабь,
  Корабь, корабь, корабь,
   рабь, рабь,
Плаваетъ корабь.
 На этомъ кораблике
Горенка нова,
На этомъ кораблике
Горенка нова,
  Нова, нова, нова,
   ва, ва,
Горенка нова.

Во этой во горенке
Новой чердачо́къ,
Во этой во горенкѣ
Новой чердачо́къ,
    Чокъ, чо́къ, чокъ, чо́къ, чокъ, чо́къ,
        чо́къ, чо́къ,
Новой чердачокъ.

На этомъ чердáчушкѣ
Вдовушка живётъ,
На этомъ чердáчушкѣ
Вдовушка живётъ,
    Живётъ, живётъ, живётъ,
        вётъ, вётъ,
Вдовушка живётъ.

У этой у вдовушки
Дѣ́вица ростётъ,
У этой у вдовушки,
Дѣ́вица ростётъ,
    Ростётъ, ростётъ, ростётъ,
        тётъ, тётъ,
Дѣвица ростётъ.

* *
*

115

Рѣзалъ батька Сайку,
    Сайку,
    Сайку,
Рѣзалъ батька,
Рѣзали дѣти:
Знать, намъ сайкой
Не владѣти,
    Не владѣти,
    Не владѣти!

*

Скушалъ батька Сайку,
    Сайку,
    Сайку,
Скушалъ батька,
Скушали дѣти:
Знать, намъ сайкой
Не владѣти,
    Не владѣти,
    Не владѣти!

* *
*

Жилъ-былъ у бабушки
Сѣренькой **Козликъ**,
Жилъ-былъ у бабушки,
Сѣренькой козликъ,
   Вотъ такъ,
   Вотъ сякъ,
Сѣренькой козликъ.

Вздумалось козлику
Въ лѣсъ погуляти,
Вздумалось козлику
Въ лѣсъ погуляти,
   Вотъ такъ,
   Вотъ сякъ,
Въ лѣсъ погуляти.

Съѣли тамъ козлика
Сѣрые волки,
Съѣли тамъ козлика
Сѣрые волки,
   Вотъ такъ,
   Вотъ сякъ,
Сѣрые волки.

Остались бабушкѣ
Хвостикъ да рожки,
Остались бабушкѣ
Хвостикъ да рожки,
   Вотъ такъ,
   Вотъ сякъ,
  Хвостикъ да рожки.

На поминъ къ бабушкѣ
Съѣхались гости,
На поминъ къ бабушкѣ
Съѣхались гости,
   Вотъ такъ,
   Вотъ сякъ,
  Съѣхались гости.

Съѣхались гости,
Хлопъ козликъ вó щи,
Съѣхались гости,
Хлопъ козликъ вó щи,
   Вотъ такъ,
   Вотъ сякъ,
  Хлопъ козликъ вó щи!

※ ※
※

117

Ай, матушка, немогу́,
Сударыня, немогу́,
Немогу́,
Немогу́,
Немогу, могу, могу:

Комаръ сѣлъ мнѣ на ногу́,
Комаръ сѣлъ мнѣ на ногу́,
На ногу́,
На ногу́,
На ногу́, ногу́, ногу́;

Всѣ суста́вцы изломилъ,
Всѣ косточки раздавилъ,
Раздавилъ,
Раздавилъ,
Раздавилъ, давилъ, давилъ.

Подай, мати, косаря,
Подай, мати, косаря,
Косаря,
Косаря,
Косаря, саря, саря:

Рубить—казнить комара,
Рубить—казнить комара,
    Комара,
    Комара,
    Комара, мара́, мара́.

Отлетѣла голова,
Отлетѣла голова,
    Голова,
    Голова,
    Голова, лова́, лова́,

За тесо́вы ворота́,
За тесо́вы ворота́,
    Ворота,
    Ворота,
    Ворота, рота, рота.

* *
*

118

Я поставлю **Кисель**
На вчерашней на водѣ:
  Дуренъ, дуренъ мой кисель,
  Дуренъ, дуренъ, не хорошъ.
А вчерашняя вода
Непокрытая была:
  Дуренъ, дуренъ мой кисель,
  Дуренъ, дуренъ, не хорошъ.
Непокрытая была,
Мышь поганая пила:
  Дуренъ, дуренъ мой кисель,
  Дуренъ, дуренъ, не хорошъ.
Тараканъ её лакалъ,
Сверчокъ ноги полоскалъ:
  Дуренъ, дуренъ мой кисель,
  Дуренъ, дуренъ, не хорошъ.
Я волью кисель въ лотóкъ,
Понесу кисель на торгъ:
  Дуренъ, дуренъ мой кисель,
  Дуренъ, дуренъ, не хорошъ.
Никто кисель не торгуетъ,
Никто даромъ не беретъ:

> Дуренъ, дуренъ мой кисель,
> Дуренъ, дуренъ, не хорошъ.

Принесу кисель домой,
Я уставлю на дворъ:
> Дуренъ, дуренъ мой кисель,
> Дуренъ, дуренъ, не хорошъ.

Киселя пѣтухъ не хочетъ,
Кисель куры не клюютъ:
> Дуренъ, дуренъ мой кисель,
> Дуренъ, дуренъ, не хорошъ.

Одна сивая свинья
Въ киселѣ гнѣздо свила́:
> Дуренъ, дуренъ мой кисель,
> Дуренъ, дуренъ, не хорошъ.

Пороси́ла поросятъ
Съ поросёнкомъ пятдесятъ:
> Дуренъ, дуренъ мой кисель,
> Дуренъ, дуренъ, не хорошъ.

Отпросилася свинья,
На Дунаѣ погулять:
> Дуренъ, дуренъ мой кисель,
> Дуренъ, дуренъ, не хорошъ.

На Дунаѣ погулять,
Своё рыло обмывать:
> Дуренъ, дуренъ мой кисель,
> Дуренъ, дуренъ, не хорошъ.

Она рыло не намыла,
Всеё воду возмутила:
>Дуренъ, дуренъ мой кисель,
>Дуренъ, дуренъ, не хорошъ.

Всеё воду возмутила,
Всеё рыбу перморила:
>Дуренъ, дуренъ мой кисель,
>Дуренъ, дуренъ, не хорошъ.

Одна рыба удала,
Къ соловью пѣнять пошла:
>Дуренъ, дуренъ мой кисель,
>Дуренъ, дуренъ, не хорошъ.

Къ соловью пѣнять пошла,
Ему просьбу подала:
>Дуренъ, дуренъ мой кисель,
>Дуренъ, дуренъ, не хорошъ.

Эту пѣсню можно разъиграть игрою: дѣвочка ходитъ промежду другихъ съ корытцемъ или лоткомъ, будто съ киселёмъ.

* *

Эти пѣсни, что ни пѣсня, кажную поютъ на разный ладъ, не однимъ голосомъ: у кажной свой голосъ. Да потомъ ещё, пѣсня идётъ сама своимъ голосомъ, а припѣвъ своимъ.

Чтобъ легче было пѣть, собираются по па́рамъ, а то и цѣлою кучкой: одинъ, кто поголосистѣй и голосъ тоньше, запѣваетъ, другіе подхватываютъ; припѣвъ поютъ вмѣстѣ, за одно. Это поютъ **Хоромъ**, пѣсни **Хоровыя**.

Дѣвочки ихъ не поютъ: онѣ складываютъ пѣсни свои, дѣвичьи. Да и мальчики поютъ пѣсню хоровую только бо́льшенькіе, когда выровнится голосъ: безъ того не слѣдуетъ и запѣвать.

У мальчиковъ этихъ пѣсней не много: поютъ такъ больше ужь ребята взрослые, молодцы лѣтъ за пятнадцать. Они кажную хоровую пѣсню наберутъ по своему, прибавятъ къ ней и то, и другое.

Бываютъ ещё пѣсни Плясовыя, подъ кажную своя пляска; ещё пѣсни Протяжныя, Бесѣдныя, когда кучкой сидятъ на завалинкахъ, по лавкамъ, въ бесѣдахъ, при посидѣлкахъ: дѣти, пожалуй, слушаютъ такія пѣсни, а пѣть подождутъ, пока сами выростутъ.

Какъ полюбится дѣтямъ на дворѣ, въ саду, въ огородѣ, на улицѣ и на всякомъ просторѣ, дома дѣтей не удержишь. Пока нѣтъ работы, только досугъ да воля, дѣти всё туда, за **игры**.

Игры сперва простыя, а за тѣмъ пойдутъ и похитрѣе, замысловатыя:

* *

119

Горю, горю
На камушкѣ,
Горю, горю
На камушкѣ.

Кто по очереди и жеребью станетъ такъ горѣть, за нимъ станутъ другія дѣти парами, взявшись за руки. Кто горитъ, не видитъ, какъ другая пара сзади разниметъ руки и невзначай побѣжитъ впередъ, въ разныя стороны. Кого ловить? А не словитъ кого ни будь одного, пара успѣетъ схватиться за руки, тогда опять горѣть впереди и ждать другой пары. Если же поймаетъ кого, тотъ долженъ стать на смѣну, горѣть. Это **Горѣлки**.

Пáры могутъ стать и впереди, а горитъ сзади. Кто горитъ, его пáра пока не занята: чтобъ ему не видать, какъ переднія пары разнимутъ руки и побѣгутъ, товарищъ сзади зажмётъ ему глаза руками. Начнутъ спросы и отвѣты:

«Гдѣ стоишь?»
— У воротъ. —
«Чтò продаёшь?»
— Молодой квасъ. —
«Лови же насъ!»

Какъ скажетъ «лови,» приметъ руку съ глазъ, передніе побѣгутъ, а кто горитъ, тотъ ловитъ.

Иногда такъ спрашиваютъ «горѣлку» и заднія пары, не закрывши ей глазъ руками; либо горѣлка ловитъ своего товарища, кто её спрашивалъ, а какъ словитъ, станетъ въ свою пару, и гори по очереди ближняя пара; играютъ на разные лады, какъ кто придумаетъ. — Похожи и **Жмурки**, только ужь дóма, съ завязанными глазами.

* *

120

Кто ловитъ, тотъ горитъ; а кто долго горитъ, тотъ выгараетъ какъ свѣчка, остаётся **Огарушекъ**. Иногда ловятъ другъ друга въ догонку и безъ паръ. Сядутъ въ кружокъ и начнётся очередь:

Ходитъ свинья по бору́,
Роетъ свинья лебеду,
Она роетъ да берётъ,
Во беремечко кладётъ:
 Тузъ,
 Лузъ,
 Пу́ня,
 Звѣзда,
 Князь!

Или:

 За че́ремя,
 За бе́ремя,

Пётръ Петровичъ,
Егоръ Егорычъ,
Тру́са,
Пе́ня,
Князь!

Кто ни будь ходитъ по кружку и подъ эту пѣсню указываетъ пальцемъ: на кого пришлось слово «князь,» тотъ бѣжитъ изъ круга; кто останется послѣднiй, тому ловить убѣжавшихъ, тому горѣть, тотъ и Огарушекъ, пока не переловитъ всѣхъ, либо хоть одного на своё мѣсто. А пока въ игрѣ Огарушекъ, надъ нимъ смѣются и припѣваютъ:

Ога́рушекъ,
Чорной ка́мушекъ,
Ненаѣ́душекъ,
Опослѣ́душекъ!

* * *

121

Коршунъ *роетъ землю; вокругъ него вереничкой ходятъ дѣти и держатся другъ за друга, это Цыплята, а впереди Насѣдка или Матка: Цыплята долбятъ Коршуна въ голову или дразнятъ, а мать поётъ съ Коршуномъ:*

Вокругъ Коршуна хожу,
«Нигдѣ мѣста не найду,
«Богъ помочь тебѣ!
«Коршунъ, Коршунъ,
«Что ты дѣлаешь?»
— Ямку рою.—
«На что роешь ямку?»
— Денегъ ищу.—
«На что тебѣ деньги?»
— Иглу купить.—
«На что ти иголка?»
— Мѣшочекъ шить.—
«На что ти мѣшочекъ?»—
— Соли купить.—

«На что тебѣ соли?»
— Во́ щи въ кашу.—
«На что тебѣ въ кашу?»
— Глаза сорить.—
«На что тебѣ во́ щи?»
— Глаза залить.—
«Кому сорить-залить?»
— Твоимъ дѣтямъ!—

Тутъ Коршунъ бросится на Цыплятъ, чтобы поймать или оторвать отъ вереничкн, и кого ухватитъ, берётъ за себя. Пойдётъ та же игра снова, пока онъ всѣхъ переловитъ: мать всячески не даётъ ихъ, прячетъ, загораживаетъ дѣтей, гонитъ Коршуна; напослѣдокъ всё-таки останется одна и по неволѣ идётъ на мѣсто Коршуна, а Коршунъ начнётъ ходить со своими дѣтьми.— Играютъ такъ больше дѣвочки; по крайности сперва дѣвочка бываетъ Насѣдкой, а мальчикъ Коршуномъ.— Пѣсня похожа на игру «Козу.»

※

122

Кто покрѣпче, сядетъ въ корню, Бабкою; спиной къ нему, сядетъ въ колѣни другой, третій, четвёртой, и дальше, грядкой; другъ дружку плотно обймутъ сзади руками; въ самомъ переди сидитъ самой маленькой и слабой. По обѣимъ сторонамъ у него станутъ двое старшихъ, мальчики либо дѣвочки: черезъ голову маленькаго держатъ руки, либо протянутъ платочекъ, верёвочку, палочку, будто воротную перекладину или засовъ. Это огородъ съ ворстами, а въ огородѣ растятъ **Хрѣнъ**. Пока растятъ, поютъ:

Хрѣнъ ты мой, хрѣнъ,
Полевой, садовой,
Садовой, яровой!
Еще кто тебя садилъ,
Еще кто поливалъ?
Что не я тебя садилъ
И не я поливалъ,
А садилъ тебя Иванъ,

Поливалъ Селиванъ;
Селиванова жена
При дорожкѣ жила,
Хрѣнъ ухаживала,
Угораживала;
Её дочка Катерина,
Она хаживала,
Приговаривала:
«Уродися, мой хрѣнъ,
«Ты и до́логъ, и толстъ,
«И кореньями простъ!»

*

Ты хрѣнъ мой, хрѣнъ,
Садовой, зелено́й!
Ужъ и кто тебя садилъ?
Филимонъ, Селивонъ;
Филимонова жена,
Она потчивала,
Максимъ подносилъ,
Степанъ кланялся:
«Ты хрѣнушка, братецъ,
«Объ чёмъ же ты плачешь?»
—Какъ же мнѣ не плакать?
—Жена молодая,
—Ѣдетъ за дровами,

—Задѣвала за пенёкъ,
—Простояла весь денёкъ.—

*

На улицѣ дѣвочки,
Золотые вѣночки,
Синёвки, понёвки,
Червонны покровки,
Сафьянъ сапожокъ.

*

Ѣхали бояре
Изъ Нова-города,
Увидѣли дѣвицу
На крутомъ бережку,
На крутомъ бережку,
На желтомъ песку.
«Продай, дѣвица, хрѣнку,
«Раскрасавица, хрѣнку:
«Не продашь ты хрѣнъ,
«Самоё тебя съѣмъ,
«Не продашь хрѣнку,
«Самоё тряхну!»

Ужь я хрѣнъ ращу́,
Молодой ращу,
Молодые корешочки
Выра́щиваю.

«Стукъ, стукъ у воротъ!»

Подходитъ дитя за хрѣномъ: старшіе двое опустятъ руки передъ маленькимъ, ворота захлопнутъ. Бабушка начнётъ разговоръ съ гостемъ:

—Кто тамъ?—
«Ивашка поповъ.»
—За чѣмъ?—
«Дайте хрѣнку
«На говядинку?»
—Еще не спѣлъ,
—За кольями ѣхали,
—Оплетать будемъ.—

Опять запоютъ, опять спросятъ и отвѣтятъ:

«Дайте хрѣнку
«На говядинку?»
—Еще не поспѣлъ,
—Только колья бьёмъ.—

«Дайте хрѣнку
«На говядинку?»
—Хрѣнъ не поспѣлъ,
—Только колья ладимъ.—

«Дайте хрѣнку
«На говядинку?»
—Хрѣнъ не поспѣлъ,
—Плетень городимъ.—

«Дайте хрѣнку
«На говядинку?»
—Хрѣнъ не поспѣлъ,
—Только листья пускаетъ.—

«Дайте хрѣнку
«На говядинку?»
—Сорвите, стряхните,
—Да ворота заприте!—

Ворота отворятъ, гость схватитъ маленькой корешокъ, что сидитъ впереди, и за руки тянетъ, пока оторветъ. Ворота захлопнутъ, опять запоютъ. Хоть крѣпко держатся коренья, а гость всѣ коренья порветъ, до самой Бабушки; а коли не устали, сядетъ на мѣсто ея, прежняя бабушка станетъ теперь гостемъ.—Первая Бабка чаще дѣвочка, а первой гость мальчикъ.

123

На Хрѣнъ похожа Рѣдька:

Пойтить было къ бабушкѣ,
Попросить бы рѣдички:
Она бабушка добра́,
У ней рѣдичка сладка́,
Пирожки мяко́ньки,
Каша маслячая.
«Бабушка, бабушка,
«Дай рѣдички?»
—На что тебѣ рѣдички?—
«Тётушка съ печи́ упала,
«Двухъ котовъ задавила,
«Да рѣдички запросила.»
—Вотъ вамъ, дёргайте съ конца!—

Какъ вырвутъ рѣдичку, её обтряхиваютъ; иногда идётъ она на мѣсто гостя, а онъ садится въ грядку, ближе къ бабушкѣ.

124

Макъ *растятъ въ кружкѣ, въ серединѣ кружка сидитъ самъ Макъ, по обычаю мальчикъ. Кружокъ поетъ:*

Ай на горѣ макъ,
Подъ горою макъ.
Ай, маки, маки, маковочки,
Золотыя головочки!
Тутъ былъ макъ,
Сизъ былъ макъ,
Серебряной макъ.
Свѣтъ мои маковицы,
Золотыя головицы!
Станемъ растить макъ,
Серебряной макъ:
Выростай нашъ макъ,
Съ нами въ рядъ.
Ай, маки, маки, маковочки,
Золотыя головочки!
Станемте мы въ рядъ,
Спросимте про макъ:

Потомъ спросятъ по очереди:

Посѣянъ ли макъ?

—

Всходитъ ли нашъ макъ?

—

Цвѣтётъ ли нашъ макъ?

—

Отцвѣлъ ли нашъ макъ?

—

Поспѣлъ ли нашъ макъ?

—

Кто сидитъ Макомъ, всячески хочетъ оттянуть, и каждой разъ, какъ спросятъ, придумываетъ поумнѣй отговорку; кружокъ идётъ и снова поётъ. Дѣлать нечего, нужно признаться: «посѣянъ, взошолъ, зацвѣлъ, отцвѣлъ, поспѣлъ.» Да какъ скажетъ «поспѣлъ,» бросится поскорѣй изъ круга: уйдётъ, тогда снова сажайте макъ по игорному жеребью. А не успѣетъ, всѣ на него, обтряхивать, вытряхивать, жать и подавливать, пока вырвется.

✻ ✻
✻

125

Какъ въ игрѣ «Коршуномъ,» дѣти, взявшись крѣпко другъ за дружку, ходятъ и извиваются вереничкой: это **Гуси**, впереди вожатой постарше, гусакъ или гусыня.

Гуси—лебеди летѣли,
На крутой берегъ присѣли.
Ай тиги́, тиги́, тиги́,
Гуси—лебеди мои,
Со боло́тинки,
Со Дунаю со рѣки,
Со ключёвыя воды́!
И гдѣ, гуси, были,
Кого вы видали?
Мы видѣли волка,
Га, га, га́, га, га, га́!

Тутъ **Волкъ** сторожитъ ихъ и бросается, чтобъ схватить гусёнка, послѣдняго съ конца; а вереничка вьётся и вертится, а старшій отбиваетъ Волка:

Мы ухаживали,
Ухара́нивали,
Отъ сѣраго волка,
Отъ лютаго звѣря.

Кого не сберегутъ, Волкъ унесётъ да унесётъ, а стая поётъ:

Унёсъ волкъ гусёнка,
Что самаго лучшаго,
Что самаго бо́льшаго,
Вотъ унёсъ, вотъ унёсъ,
Вотъ ушолъ, вотъ ушолъ,
Вотъ и не́гдѣ взять!

А Волкъ набираетъ да набираетъ, припѣваючи въ своей кучкѣ:

Это нашъ, это нашъ,
Это нашъ гостенёкъ,
Это къ намъ въ гости идётъ!

Потомъ кажной разъ поютъ снова:

Гуси-лебеди летѣли,
На крутой берегъ присѣли.

Пока Волкъ не доберётся до старшаго, а старшій кликнетъ:

А гуси вы, гуси,
Щиплите вы волка!

Тогда вся стая догадается и гусенята въ кружокъ: Волкъ изъ круга, а тѣ не пускаютъ, и куда онъ сунется, щиплютъ. Хорошо, коли выскочетъ, и то не скоро.

126

Селезень за Уткою гонитъ,
Молодой за уткою гонитъ:
«Поди, утица, домой,
«Поди, сѣрая, домой,
«У тя семеро дѣтей,
«Восьмой селезéнь,
«Девятая утка,
«Девятая утка—мáтка,
«Распóрота лапка.»

Дѣти стоятъ кружками, Селезень ныряетъ то въ кружокъ, то изъ кружка за уткой, а утка отъ него. Утку пропускаютъ и разводятъ руки, а Селезню всячески мѣшаютъ догнать и смѣются:

Утица ныряетъ,
По полю летаетъ,
Кра, кра, догоняй,
Домой загоняй,
У тя семеро дѣтей,
Восьмой хромой,
Девятая утка,
Десятая шутка!

Долго не поймаетъ, устанетъ и сядетъ, ему смѣются; а поймаетъ, станетъ въ кружокъ: кто оплошалъ и далъ ему словить, не загородилъ руками, та пара изъ круга играетъ снова Селезня и Утку.

* *
*

127

Трудный игра Воронъ съ Воронятами. Онъ дѣтей потерялъ, ищетъ ихъ, ходитъ съ Вороницей за кругомъ, а дѣти его, сколько наберутъ ихъ въ игру, по серёдкѣ круга:

„Воронóкъ, Воронóкъ,
«Гдѣ ты былъ—побывалъ,
«Что ты дѣлалъ—работалъ?»
—Я дѣтушекъ потерялъ,
—Самъ-другъ рыщý,
—Дѣтей ищý.—

Отецъ съ матерью въ кругъ, а ихъ не пускаютъ, сплелись руки; прорвется отецъ, не пропустятъ мать, а они оба должны схватить воронёнка за руки съ двухъ сторонъ, какъ за крылья, либо за ноги, за хохолъ; воронъ лети за вороницей изъ круга, тутъ его опять не пускаютъ; прорвутся оба въ кругъ, а дѣтей изъ круга вытолкнутъ за кругъ, и отцу съ матерью новая мука. Тутъ дѣти допрашиваютъ:

«Воронокъ, Воронокъ,
«Куды дѣтокъ подѣвалъ,
«Не въ воду ли побросалъ,
«Не тучей ли накрывалъ,
«Не дожжёмъ ли прибивалъ?»
—Я дѣтушекъ потерялъ,
—Самъ-другъ нырну́,
—Дѣтей съищу́!—
«Лучше бъ самъ потонулъ,
«А дѣтушекъ вытянулъ,
«Шелкови́мъ пояскомъ,
«Тоненькимъ рукавкомъ,
«За руки, за ноги, да за волосы!»

Опять Воронъ мучится, а кружокъ дразнитъ его и пугастъ:

«Воронокъ, Воронокъ,
«Куды дѣтокъ подѣвалъ?
«Кину, брошу воронятъ,
«На загрядку, на пола́тъ!»
—Я дѣтушекъ потерялъ,
—Я самъ-другъ взлечу́,
—Я дѣтей ухвачу́!—

Ворону всё неудача; а его больше пугаютъ:

«Воронокъ, Воронокъ,
«Куды дѣтокъ подѣвалъ?
«А дѣвчата досадя,
«Ихъ на пе́чь посадя,
«Имъ ѣсть не даютъ,
«Коромысломъ бьютъ!»
— Я дѣтушекъ потерялъ,
— Я самъ-другъ рыщу́,
— Я дѣтей сыщу́,
— Я дѣвчатъ заклюю́! —

Придётъ же пора, сыщутъ воронёнка: тогда ищи другаго, новая мука! Дай Богъ въ цѣлой вечеръ сыскать ихъ всѣхъ: не теряй дѣтей, смотри за ними!

* *
*

128

Зоря коротенькая игра, а хитрая. Дѣти сядутъ въ кружокъ, а за спинами у нихъ кругомъ ходитъ Зоря и носитъ съ собой тихонько либо платочекъ съ завязаннымъ узелкомъ на углѣ, либо полотенце, и всякой лоскутокъ, перевитой жгутомъ.

Зоря, зореница,
Красная дѣвица,
По́ небу ходила,
Ключи обронила:
Мѣсяцъ видѣлъ,
Солнце скрало.

Ходитъ она да поётъ, а жгутъ свой перевитой, высматриваетъ, какъ бы подложить кому сзади. Дѣтямъ оглядываться нельзя, они подпѣваютъ, да только поглядываютъ искоса, не ему ли положили жгутъ. Кто подмѣтитъ за собой, за спиною, вскочитъ и жгутомъ станетъ наказывать Зорю, не теряй своихъ ключей: посодитъ её на своё мѣсто, и самъ пойдётъ Зорёю. А кто не подмѣтитъ, Зоря опять обойдётъ кругомъ, да какъ вдругъ подыметъ свои ключи, да жгутомъ: «не прячь моихъ ключей, не прячь!»

Играютъ въ эту игру больше дѣвочки, а Зорёй ходитъ сперва та, которая постарше. Когда и мальчики, всё же сперва ходитъ Зорёю дѣвочка, постарше ихъ годами.

129

Мальчики пароютъ ямокъ, въ доль рядкомъ, крайняя побольше, и катятъ мячь либо шаръ черезъ ямочки, чтобъ попасть въ нихъ, а всего лучше въ большую. Придумываютъ и другія задачи, попытать, кто ловчѣй съумѣетъ: попасть во что, сшибить, перебросить, догнать, перегнать; кто не ловокъ, за то и отвѣчаетъ. Обижаться дѣтямъ промежъ себя, обижать другихъ и ссориться никогда не годится, а въ игрѣ и подавно, стыдно; жаловаться старшимъ еще хуже. Въ игрѣ забава, игрой и расплата. У хорошихъ дѣтей не слыхать брани и драки. У крестьянскихъ дѣтей, кто провинился въ игрѣ, будетъ съ него, какъ его поерошатъ за то, посмѣются надъ нимъ. Кучкой ерошатъ волосы. И это игра, и тутъ поютъ **Ярку**, **Ерошку**:

Ярка не ярка,
 Баранъ не баранъ,
 Ерошка не барашка,
 Старая овечка не ярочка!
 Воитéль, вотитéль,
 Выше города плетень,
 А на томъ плетнѣ
 Кузнецы куютъ,
 Кузнецы куютъ,
 Въ наковáльню бьютъ.

Помирятся всѣ: игра по очереди, игра идётъ своимъ чередóмъ, у игры есть свой конецъ, игра кончаетъ миромъ.

* *
*

214

За играми поютъ пѣсни **Игральныя**.

У дѣтей много всякихъ игоръ, кто чему научится, а за тѣмъ кто что самъ придумаетъ.

Больше ещё игоръ безъ пѣсней.

Какъ подростутъ мальчики побольше, станутъ они порѣзвѣй, поудалѣй: хочется имъ быть молодцами, какъ бы всё повоевать, да сражаться, въ скокъ, да съ палками, съ обрубками, съ мячами, въ схватку да въ свалку, въ запуски, кто бойчѣй да ловчѣй, молодцоватѣй, замысловатѣй.

Дѣвочкамъ это не идётъ: онѣ потише, ближе къ дому, чаще бываютъ дома. Съ маленькими мальчиками онѣ еще играютъ: за большенькими не угоняться имъ. Дѣвочки затѣваютъ свои игры, **Дѣвичьи**: *играютъ однѣ.*

А мальчики бросятъ скоро и пѣть при своихъ играхъ: не до пѣсней, игры **безъ пѣсней**, *пойдётъ Пыжъ, да Ласы, Буй,*

Снѣжки, Камушки, Ломать пряники, въ Бабки, въ Свайку, въ Лапту, а всего занятнѣе, въ Змѣй, кто достанетъ бумаги, умѣетъ сдѣлать и запустить. Некогда пѣть за такими играми: игры эти не поютъ, а играютъ какъ дѣло. Словно дѣло дѣлаютъ, работаютъ. Да есть и забавы дѣльныя: птицъ ловить, голубей выхаживать и приваживать, учить ихъ, ученыхъ гонять, рыбу ловить. И много, много игръ и забавъ у дѣтей крестьянскихъ, просто-народныхъ.

Есть дѣти и въ городѣ, живутъ по ихнему. А богатенькіе ищутъ по лавкамъ, покупаютъ игру за деньги.

Нагуляются дѣти по двору и по саду, на улицѣ и по полю: сами ужь рады, какъ бы вернуться домой и усѣсться. Усядутся кучкой, займутся дѣломъ: а дѣло у нихъ опять станетъ игрою,—попрячутся по угламъ: отгадай, куда дѣвались?—Прикроютъ рукой пряникъ: отгадай, что подъ рукою? Можетъ быть пряникъ, а можетъ быть щепка.—Въ одну горсть возмётъ дитя пару камушковъ, въ другую возмётъ тройку: отгадай, въ какой горсти чётъ, въ какой не́-четъ?—Что у насъ подъ лавкой? Отгадай? Полѣно. Нѣтъ: у насъ подъ лавкой медвѣжья лапа, такая жь мохнатая, мужикъ отрубилъ у медвѣдя для бабы. Помнишь ли сказку?—Ну теперь скажи: у насъ подъ лавкой медвѣжья лапа; отгадай, что значитъ? Маленькія дѣти скажутъ, лапа. Другія засмѣются: что значитъ? пристяжная скачетъ. А поумнѣй скажетъ: это полѣно! Вотъ отгадалъ.—Смотри: изъ окна въ окно золото́ бревно? Да, бревно. А другія посмѣются: ну жь нѣтъ, это солнце: опять отгадали.—Ещё похитрѣй: что ростётъ безъ корени? Рѣпа, рѣдька, хрѣнъ: не угадали, забыли, какъ играли игру, тащили рѣпу, и рѣдьку, и хрѣнъ съ корнемъ, на силу вытащили. Что́ же значитъ? Камень.

Всё это **Загадки**: одинъ загадаетъ, другой отгадаетъ.

Загадки тѣ же дѣтскія пѣсни, коротенькія. Только нужно отгадать, что значитъ такая пѣсенка. Иногда нарочно сложатъ её, да и загадаютъ:

~~~ 130 ~~~

1.

Безъ рукъ, безъ ногъ,
Всё скокъ да толк.

2.

Живая живу́лечка
На живомъ сту́лечкѣ.

3.

Черна́—мала́ крошка,
Соберутъ немножко,
Въ водѣ поварятъ,
Ребята съѣдятъ.

4.

Безъ рукъ, безъ ногъ,
На печь ползётъ.

5.

Красныя голу́бки
Бѣгутъ къ прору́бкѣ

6.

По́дъ поломъ, поло́мъ
Ходитъ борона съ коло́мъ,
Ищетъ барыню съ хвостомъ.

7.

Сорока въ кустъ,
Алексѣй за хвостъ.

8.

Марья съ Дарьей
Видятся, не сходятся.

9.

Двое со́йдутся,
Пріобо́ймутся.

10.

Скру́ченъ, связанъ
По избѣ пляшетъ.

11.

Мать толста,
Дочь красна,
Сынъ храбёръ,
На поднѐбесье пошолъ.

12.

Днёмъ пѣтухъ храбрится,
Ночью подъ порогъ ложится.

13.

Кто таковъ,
Какъ Егоръ поповъ?
Сѣлъ на конь,
Да поѣхалъ въ огонь.

14.

Днёмъ корпи́тъ, ночь корпи́тъ,
А подъ затопъ спитъ.

15.

Молодъ былъ,
Сто головъ кормилъ,
Старъ сталъ,
Пеленаться зачалъ.

16.

Подъ лавкой гудокъ,
На полу гудокъ,
Наиграется гудокъ,
Сядетъ въ уголокъ.

17.

Стану выше коня,
Лягу ниже воробья.

18.

Двое купаются,
Третій валяется:
Двое вышло,
Третье пови́сло.

19.

Я убога сирота
Отворяла ворота:
Людей не пустила,
Коней напоила.

20.

Крашеное коромысло
Черезъ рѣку свисло.

21.

Утки крякнутъ,
Берега звякнутъ:
Собирайтесь, дѣтушки,
Къ одной матушкѣ.

22.

Выгляни въ окошко:
Тамъ рѣпы лукошко.

23.

Мету, мету,
Не вымету,
Рублю, рублю,
Не вырублю.

24.

Ѣду, ѣду,
Слѣду нѣту,
Рублю, рублю,
Щепокъ нѣту.

25.

Зимой грѣетъ,
Весной тлѣетъ,
Лѣтомъ умираетъ,
Къ зимѣ оживаетъ.

26.

Оглобли остались,
А дровни помчались.

27.

Ася?
Разлеглася.
Кабы встала,
Небо достала;
Кабы руки,
Вора связала;
Кабы ноги,
Коня догнала;
Кабы глаза,
Увидала;
Кабы языкъ,
Разсказала.

28.

Шолъ я мимо,
Видѣлъ диво:
Виситъ котёлъ
Въ девяносто ведёръ.

29.

Зоря зореница,
По небу ходила,
Ключи обронила:
Мѣсяцъ видѣлъ,
Солнце скрало.

30.

Баба на грядахъ,
Вся въ заплатахъ:
Кто ни взглянетъ,
Всякъ заплачетъ.

31.

Безъ окошекъ,
Безъ дверей,
Полна горница
Людей.

32.

Сквозь землю прошолъ,
Красну шапку нашолъ:
Шапку снялъ,
Дѣтей спать укладъ.

33.

Лежитъ Егоръ подъ межой,
Накрытъ зеленой фатой.

34.

Били меня, били,
Колотили, колотили,
Клочьями рвали,
По полю валяли,
Подъ ключь запирали,
На столъ сажали.

35.

Летѣлъ орелъ,
Садился на престолъ:
Боже мой, Боже,
Далъ ты мнѣ волю
Надъ всѣми царями,
Всѣми королями;
Не далъ мнѣ воли
Надъ рыбою въ морѣ.

36.

Разбужу царя въ Москвѣ,
Короля въ Литвѣ,
Старца въ кельѣ,
Дитю въ колыбели.

37.

Летитъ птица,
Не синица,
Не крылата,
Не горбата,
Носикъ долгой,
Голосъ тонкой:
Кто убьётъ,
Кровь человѣчью прольётъ.

38.

Чорен̑ъ, да не во́ронъ,
Рогатъ, да не быкъ,
Шесть ногъ безъ копытъ,
Къ верху идётъ,
Рёвомъ ревётъ,
Къ низу идётъ,
Землю дерётъ.

39.

По́дъ лѣ́сомъ, лѣ́сомъ
Колёса висятъ.

40.

Срѣжу голову,
Выну сердце,
Дамъ пить,
Станетъ говорить.

41.

Шла свинья изъ болота,
Вся исколо́та.

42.

Шла свинья изъ Саратова,
Вся исцарапана.

43.

Пять овецъ сѣно съѣдаютъ,
А пять прочь отбѣгаютъ.

44.

Жолтенька собачка
Въ опромёточкѣ лежитъ,
Не лаетъ, не кусаетъ,
Всякъ её хватаетъ.

45.

Курочка съ хохломъ,
Всему свѣту поклонъ.

46.

Баба Яга,
Распорота нога,
Весь міръ кормитъ одна,
А сама голодна.

47.

Пятеро воловъ
Одной сохой пашутъ,
Бѣлое поле,
Чорное сѣмя,
Кто поле сѣетъ,
Тотъ разумѣетъ.

48.

Бѣжитъ свинка,
Дырявая спинка,
Востренькой зубокъ,
Альняно́й хвосто́къ.

49.

Шли межою
Мужъ съ женою,
Братъ съ сестрою,
Шуринъ съ зятемъ:
Много ли всѣхъ хватитъ?

* *
*

Кто поумнѣй, тотъ всѣ загадки умѣетъ, всѣ разгадаетъ:

1. Люлька. — 2. Ребенокъ на рукахъ. — 3. Каша. — 4. Тѣсто. — 5. Ложки. — 6. Кошка и мышь. — 7. Сковорода, сковородникъ. — 8. Полъ и потолокъ. — 9. Ворота съ запоромъ. — 10. Вѣникъ, голикъ. — 11. Печка, огонь, дымъ. — 12. Вѣникъ, голикъ. — 13. Горшокъ на ухватѣ. — 14. Огонь въ дому, свѣтъ. — Заслонка. — 15. Горшокъ. — 16. Вѣникъ, голикъ. — 17. Дуга. — 18. Ведра и коромысло. — 19. Туча, дожжикъ. — 20. Радуга. — 21. Колокола, звонъ, итти въ церковь. — 22. Звѣзды на небѣ. — 23. Лучи отъ солнца. — 24. Лодка по водѣ, съ веслами. — 25. Снѣгъ. — 26. Ледъ прошолъ въ берегахъ. — 27. Дорога. — 28. Мѣсяцъ. — 29. Роса. — 30. Луковица. — 31. Огурецъ. — 32. Макъ. — 33. Огурецъ. — 34. Ленъ, пряжа, холстъ, скатерть. — 35. Комаръ. — 36. Колоколъ. — 37. Комаръ. — 38. Жукъ. — 39. Серьги. — 40. Перо, чернила, письмо. —

41. Наперстокъ. — 42. Рогожа. — 43. Пальцы на рукахъ, прядутъ. — 44. Ложка, чашка.—45. Рукомойникъ. — 46. Соха. — 47. Пальцы, перо, бумага, буквы, письмо. — 48. Игла съ ниткой.—49. Трое.

Будутъ постарше, загадокъ не напѣваютъ, а сказываютъ ихъ, скороговоркой.

* * *

То же бываетъ со Сказками: сперва ихъ пѣли, а теперь, какъ выросли побольше, сказки цѣликомъ сказываютъ, безъ пѣсни. За то и Сказки эти длинныя, предлинныя, занятныя, презанятныя: Баба Яга; Кощей безсмертной; Норка звѣрь; Двое изъ сумы; Сивка бурка, вѣщая каурка; Свинка золотая щетинка; Жаръ птица; Три царства; Царь дѣвица; Морской царь; Царь-медвѣдь; Емеля дурачокъ; Ѳома да Ерема.

Дѣти слушаютъ сказки, какъ сказываютъ старшіе. По немногу перенимаютъ и сами, тоже начинаютъ сказывать меньшимъ дѣтямъ.

Сами дѣти не вдругъ со сказкою справятся: сперва, пока выучатся хорошенько сказывать, въ сказку играютъ, какъ во всякую другую игру. Наберутъ, что попало, затянутъ словно пѣсню, дойдутъ съ прибаутками до конца: тутъ бы начинать сказку хорошую, а дѣти снова за прибаутки. Это сказки Докучныя: *всё же съ ними не скучно, весело и потѣшно:*

131

Жилъ Кутырь да мутырь,
Жилъ посереди степцо́,
Накопилъ себѣ стожо́къ сѣнца:
Пришли къ нему баранъ да овца,
Подъѣли стожо́къ сѣнца.
Не сказать ли опять съ конца?

И твердятъ всё то же да одно же.
Послѣ, какъ выучатся сказкѣ хорошей, вставляютъ туда эти коротышки, эти

прибаутки, побасёнки: это не настоящая Сказка, а Присказка.

Такая Сказка то же, что подборъ зря, какъ попало, шутка. Хоть и много набери, выйдетъ длинная, а всё же это выдумка, нарочно, не въ правду. Эта Сказка — Складка; а пѣсня, вотъ Быль.

Кто изъ дѣтей подростётъ, знаетъ, чтó Сказка, а чтó Пѣсня: не собьётся, не назовётъ Сказку Пѣсней, а Пѣсню Сказкой. Хоть и похожи онѣ, а Сказка сама собой, Пѣсня сама собой.

Ростётъ дитя со старшими, въ семьѣ своей, а кто сирота, тотъ у добрыхъ людей. Старшіе поятъ—кормятъ ребёнка, питаютъ, воспитываютъ: они же и учатъ всему доброму. Есть ли въ домѣ дѣло, есть ли работа у старшихъ, или придётъ праздникъ, отдохнуть: ребёнокъ тутъ же, при старшихъ. Всё это у крестьянъ съ пѣснями: пѣснямъ навыкаетъ и ребёнокъ.

Только родится, а ему старшіе родные несутъ на зубокъ подарки.

Въ люлькѣ ребёнку поютъ «Баюшки;» потомъ «Ладушки,» потомъ «Сороку.»

Еще маленькаго, только выкупаютъ, окатятъ водою, тутъ же напоютъ:

Съ гуся вода,
Съ милаго худоба,
Съ гуся вода,
Съ милаго худоба!

Начнётъ дитя ходить, его учатъ плясать:

133

Попляши да попляши:
Твои ножки хороши!

Выпадетъ зубокъ, бросятъ его на печку либо за печку мышкѣ, а просятъ зубка новаго, крѣпкаго:

134

Мышка, мышка,
На́ тебѣ зуби́шка,
На́ тебѣ рѣпяно́й,
А намъ дай костяно́й!

Стерегутъ ребёнка, чтобъ не бѣгалъ онъ безъ старшихъ за ворота:

135

Ужь ты миленькой дружокъ,
Не ходи ты на лужокъ:
Тамъ сѣръ волчокъ,
Онъ барашка съѣлъ,
И тебя онъ съѣстъ!
Либо мышка съѣстъ,
Либо птичка уклюнётъ,

Либо деревцо падётъ
И тебя зашибётъ.

Подойдётъ весна красная, потаетъ снѣгъ, побѣгутъ ручьи-потоки, дѣти скорѣй на камушекъ, гнать воду, кликать молодое вешнее солнце, чтобы выглянуло, обогрѣло землю, породило хлѣба, накормило малютокъ:

 136

Со́лнушко, вёдрушко,
Выглянь въ окошечко:
Твои дѣтки плачутъ,
По камушкамъ скачутъ,
Хлѣбца ѣсть хочутъ!

Прилетятъ бѣлоносые грачи, прилетятъ пѣвучіе жаворонки: до́ма напекутъ дѣтямъ изъ тѣста жаворонковъ.

Пообсохнетъ, верба выправится, побѣлѣетъ шишками, нарѣжутъ её, уберутъ её брусничникомъ изъ-подъ снѣгу: придётъ Вербное, праздникъ Воскресенье, пойдутъ дѣти со старшими въ Церковь, къ завтренѣ: тамъ стоятъ съ вербой, со свѣчкой. Много наберутъ вербы: подѣлаютъ изъ нея луки, стрѣлы, и стрѣляютъ на просторѣ. Теперь верба святая, посвятилась: изъ Церкви нужно ее Богу, воткнутъ за образъ, а дѣти вербой похлёстываютъ, особливо кто проспалъ завтреню, того:

137

Пришла верба изъ-за мо́ря,
Принесла верба здоровья:
Верба хлёстъ,
Бей до слёзъ,
Ещё на здоровье,
До красненькаго яичка!

А тутъ ужь и Святая: катать красныя яица, биться ими на выигрышъ, у кого крѣпче битóкъ, качаться на качеляхъ, гулять, бѣгать по проталинкамъ.

Покажется и зелёная трава; скоро день Юрьевъ, и дѣти подпѣваютъ:

138

Дай же намъ, Боже,
Рожь колосисту,
Ячмень усатый!

Въ Вознесенье, какъ вознёсся Христосъ на небеса, напекутъ дѣтямъ Лѣстницъ и Онучекъ, а самихъ подымутъ повыше, чтобъ росли, чтобъ Москву видѣли, видѣли бы Царь-колоколъ:

139

Видишь ли Москву,
Видишь ли Царь-колоколъ?
Рости, рожь, большая,
Вотъ какая!

Распустится и листъ на деревьяхъ, въ травѣ проглянутъ цвѣты: вотъ и Семикъ, и Троица! Наломаны молодыя берёзки; дóма, по сѣнямъ, на дворѣ словно роща, берёзки и въ Церкви, трава пó полу: дѣти навяжутъ пучочки, зелень съ цвѣточкомъ; старшіе молятся да плачутъ, дѣти при нихъ, переглядываются, у кого краше пучочекъ.

Теперь можно и въ поле, и въ рощу; тамъ ужь кукуетъ кукушка, а кукушку кличутъ:

140

Ты кукушка ряба,
Ты кому же кума?

Старшія дѣвушки загнутъ вѣтки, какія погибче, у дерева, на кусту: цѣлуются сквозь витыя кружкомъ вѣтки, кумятся. Дѣти учатся кумиться, чтобы не браниться. — Старшія завиваютъ вѣнки, пускаютъ на воду: дѣти тоже въ вѣнкахъ, плетутъ себѣ изъ жолтыхъ цвѣтовъ.—Старшіе заломятъ и берёзку, разукрасятъ лентами, пойдутъ съ нею, сами поютъ: «Ай во́ полѣ, Ай во́ полѣ ли́пинька.» А потомъ: «Во́ полѣ берёзынька стояла, Во́ полѣ кудрявая стояла.» У старшихъ пѣсни свои; а дѣти тоже въ припляску:

141

Ужъ ты, бабушка харчевница,
Дорогая рукодѣльница!
Ты кочнами воду нашивала,
Косарями лапшу крашивала.

На канунѣ Семика
Зададимъ трепака,
Не жалѣй лаптей:
Коли лапти расплетутся,
Батька новыя сплетётъ.

Ты мальчишечка молоденькой,
Полушубочекъ коротенькой,
Завиваются куделюшки
Во золотеньки колечушки:
Изсушилъ моё сердёчушко,
Суше этого колечушка,
Суше этого золотенькаго!

На канунѣ Семика
Зададимъ трепака,
Не жалѣй лаптей:
Коли лапти расплетутся,
Батька новыя сплетётъ!

Тутъ же и вешнія игры: старшія дѣвушки посодятъ мальчика въ серёдку, играютъ съ нимъ «Ящера» и «Оленя.»

Съ той поры время страдное, работы по лугамъ, въ полѣ, въ огородѣ, до осени, а осенью Свадьбы.

Мальчикъ подростётъ: ему въ первой разъ подстригутъ волосы, въ скобку; срѣзанные волоски спрячутъ на память, благословятъ и поцѣлуютъ; кто побогаче, подарятъ гребешокъ.

У дѣвочекъ показались и косички; чешутъ, плетутъ ихъ, да припѣваютъ:

142

Ты рости, рости, коса,
До шелко́ва пояса:
Какъ ты вы́ростешь, коса,
Будешь по селу краса,
А дѣвушкамъ красота,
А молодцамъ сухота!

На свадьбахъ дѣтямъ не мало дѣла: дѣти провожаютъ невѣсту въ баню передъ вѣнцомъ, стерегутъ баню, мальчикъ обуваетъ старшую сестру къ вѣнцу, не пускаетъ, чтобъ увёзъ её женихъ: за всё это дѣтямъ идутъ ленты, платочки, всякіе подарки; а дѣвочекъ вспоминаетъ старшая сестра, невѣста, уходитъ изъ дома къ жениху, а имъ покидаетъ свою красоту:

143

Онѣ сами дѣти маленьки,
Умомъ-разумомъ глупёшеньки,
Еще будетъ лѣто тёплое,
Пойдутъ онѣ, разъиграются.

Невѣсту повезутъ вѣнчаться въ Церковь: а мальчикъ, братъ или свой родной, везётъ образъ.

Пройдутъ Филиповки, постъ передъ Рожествомъ: заколютъ къ празднику барана, дѣдушка заколетъ свинью, готовятъ мясное кушанье, а дѣти припѣваютъ, кличутъ «Коляду́», такъ зовутъ въ народѣ праздникъ:

144

Дѣдка свину́шку убилъ,
Свинку сѣренькую,
Спинку пѣгинькую:
Ай да Божья Коляда́,
Прилетай къ намъ съ высока,
Одинъ разъ въ годокъ,
Полюбуйся часокъ!

Подъ самой праздникъ вечеромъ, въ сочельникъ, «кутья» съ медовой сытой, варёной «канунъ». Съ вечера же, да и въ первые дни праздника, дѣти ходятъ кучками по богатымъ хозяевамъ, станутъ подъ окошко и поютъ **Коляду**, либо **Овсень**:

145

Коляда, коляда!
На канунѣ Рожества
Вскочилъ мѣсяцъ на дрова,
На дубовыя дрова.
На что дрова?
Искать бруска.
На что брусокъ?
Косу́ точить.
На что коса?
Траву косить.
На что трава?
Коней кормить.
На что кони?
Дубьё возить.
На что дубьё?
Мосты мостить.
На что мосты?
Къ обѣдни ходить.

* *

Ходилъ козёлъ на базаръ,
Коляда, коляда!
Купилъ козёлъ косу.
На что ему косу?
Мураву́ траву косить.
На что мураву косить?
Добра коня выкормить.
На что коня выкормить?
Дубовъ лѣсъ на нёмъ возить.
На что дубовъ лѣсъ возить?
Лѣсомъ будемъ мостъ мостить.
На что намъ мосты мостить?
Въ Церковь ко Христу иттить.
Коляда, коляда!

* *
*

—— 146 ——

Овсе́нь, овсе́нь,
Подай брусень!
На что брусень?
Косу́ точить.

На что косу?
Траву косить.
На что траву?
Коровъ кормить.
На что коровъ?
Молоко доить.
На что молоко?
Робятъ кормить.
На что робятъ?
А имъ пашню пахать,
Переложки ломать.

* *

А летѣла пава,
   Ай, овсень!
Черезъ наше поле,
   Ай, овсень!
А роняла перья.
Кому перья брати,
Кому подбирати?
Хозяину дома.
На что ему перья?
Ему шапку шити,

Перьями пушити.
На что ему шапку?
Въ торги ѣхать.
На что въ торги ѣхать?
Топоръ купить.
На что топоръ купить?
Дрова рубить.
На что дрова рубить?
Пиво варить.
На что пиво варить?
Сына женить,
   Ай, овсень!
Дочку выдать.
   Ай, овсень!

* *

Коляда, коляда,
Гдѣ ты была?
Коней пасла.
Что выпасла?
Коня въ сѣдлѣ,
Жеребёночка въ уздѣ.
И гдѣ кони?
За воротами.

И гдѣ ворота?
Вода пóлая снесла.
И гдѣ вода?
Быки пóпили.
И гдѣ быки?
Въ лѣса ушли.
И гдѣ лѣса?
Черви выточили.
И гдѣ черви?
Гуси выклевали.
И гдѣ гуси?
Въ тростникъ ушли.
И гдѣ тростникъ?
За лугóмъ зеленымъ.
И гдѣ тотъ лугъ?
Дѣвки вытоптали.
И гдѣ дѣвки?
За мýжь пошли.
И гдѣ мужья?
На полатяхъ сидятъ.
Что дѣлаютъ?
Они шапки шьютъ.
На что шапки?
По Коляду йти.
И гдѣ Коляда?
Во печи была.

147

Коляда молода!
Летѣлъ соколъ,
   Коляда молода!
Черезъ батюшкинъ дворокъ,
Уронилъ сапожокъ.
«Катерина, подыми!»
— Не досугъ подня:
— Я головушку чешу,
— Я русу́ косу́ плету,
— Я къ обѣдни спѣшу,
— Я коровушку дою,
— Я лепёшки пеку.—

* *
*

148

Какъ ходила Коляда
Наканунѣ Рождества,
Приходила Коляда
Изъ Нова-города.
Какъ искала Коляда
Государева села,

Что Иванова двора.
У хозяина дворъ
Осушонъ, омощёнъ,
Чисто выметенъ,
Ворота красны,
Верей пестры,
Онѣ тóченыя,
Позолóченыя;
Какъ Ивановъ дворъ
Онъ тынóмъ затынёнъ,
На семи верстахъ,
На восьми столбахъ,
Что тычинушка
Ко тычинушкѣ,
На тычинушкѣ
По жемчуженкѣ;
Кругъ Иванова двора
Всё шелкóвая трава,
Зелёная мурава;
На шелкóвой на травѣ
Всё лазóревы цвѣты;
Середи его двора
Три высокихъ терема,
О двѣнадцати вѣнцахъ,
Золотыхъ верхахъ;
Какъ во первомъ теремý

Свѣтёлъ мѣсяцъ во окнѣ;
Во другомъ-то терему
Красно солнушко;
А во третьемъ терему
Часты звѣздушки,
Румяныя зо́рюшки.
Свѣтёлъ мѣсяцъ во окнѣ
Самъ Иванушка;
Красно солнушко
Хозяюшка;
Часты звѣздушки
Ихъ робятушки;
Румяныя зо́рюшки
Хозяйскія до́чушки.
А хозяинъ во дому
Словно царь во раю;
А хозяйка во дому
Какъ кутья на меду;
Малы дѣтушки
Какъ оладушки.

* *
*

Поютъ такъ и старшіе ещё лучше; ребята подпѣваютъ; а имъ готовы въ окошкахъ подарки, подаютъ изъ оконъ всего, чего наготовили хозяева къ празднику. Дѣти теребятъ, подавай; подадутъ, спасибо:

149

Кишки да лепёшки,
Да свиныя ножки,
Во печи сидѣли
Да на насъ глядѣли.

—

Подайте намъ ножку,
Блинъ да лепёшку,
Въ красное окошко.

—

Прикажите, не держите,
Нашихъ ножекъ не знобите.

—

Кто подастъ пирога,
Полонъ дворъ живота,
Подавай, не ломай;
Кто не дастъ пирога,

Мы корову за рога;
Тому быкъ да корова,
Да и та безголова,
Она дёгтемъ доитъ,
Она смолку цѣдитъ,
Окна скачутъ,
Причалины пляшутъ,
Столы раздвигаются,
Полы подымаются,
Печка за мужь идётъ,
Переборъ её берётъ!

* *

То же поютъ порою и въ Васильевъ вечеръ, подъ новой годъ.

О Святкахъ много дѣтямъ всякаго веселья; а больше рядятся Козою и прибираютъ всѣ пѣсни, какія объ ней знаютъ.

Скоро и Масляница съ санями, со снѣжками, съ горами, съ ледяными городами, а на Масляницѣ сколько блиновъ, оладьевъ, пряженцовъ, пышекъ, лепёшекъ! Жаль, скоро и она пройдётъ: за то её дѣти проводятъ. Наберутъ ухватовъ, кочерёгъ, битыхъ горшковъ; сдѣлаютъ соломенную куклу, обвѣшаютъ тряпочками, вынесутъ за село, за деревню, бросятъ тамъ, либо сожгутъ, а сами пропоютъ на прощанье:

150

Мы постъ Рожественъ пропряли,
Святы вечеры проиграли,
Масляницу мы прокатали.
Масляница, свѣтъ, дорогая!
Гдѣ же ты ночéсь ночевала?
Ночевала я на болотцѣ,
Тамъ подъ кустомъ на дорожкѣ.
Ѣхали тамъ скоморошки,
Срѣзали они по пруточку,
Сдѣлали они по гудочку:
Вы, гудки, не гудите,
Масляницу вы не будите,
Масляница наша дорогая,
Пьётъ она винцо зеленое,
Чарочка у ней поплывýшка,
Всѣхъ она гостей напоила,
Спать полегла со кручины,
Мéньшаго братца убили.
Гдѣ же его схоронили?
Тамъ, у Петра, у Миколы,
Тамъ, подъ тремя колокóлы,
Тамъ, подъ большими подъ звóны.
Кто же по братцѣ поплачетъ?

Плакали два волка хохлаты,
Плакали медвѣди мохнаты,
Плакали двѣ свиньи горбаты,
Курицы двѣ да безхво́сты,
Два пѣтуха безголо́вы.
Соръ подъ порогомъ закурился,
Прятались пряженцы по по́лкамъ,
Пиво въ бочёнкѣ подрало́ся,
Сучка да съ печки скочила,
Хвостикъ въ сусло́ обмочила,
Много она бѣдъ нашутила.
Бить было сучку кочерьгою,
Бить кочерьгою, да далёко,
Тамъ ли, у Савки на лавкѣ!

* *
*

Это всё пѣсни **Праздничныя**: нарядятъ пѣснями всякой праздникъ, ходитъ онъ въ пѣсняхъ какъ въ нарядѣ. Обрядятъ и круглой годъ, съ весёлой весны по глухую зиму; обрядятъ и годъ за годомъ: обрядъ идётъ за обрядомъ; а при обрядѣ у крестьянъ всегда пѣсни, отъ того и пѣсни эти зовутся **Обрядныя**.

Обрядными пѣснями встрѣчаютъ, ими же и провожаютъ.

Дѣти проводятъ невѣсту въ Церковь, проводятъ масляницу, проводятъ и другой всякой праздникъ. Мальчикъ же проводитъ своихъ старшихъ и въ могилу: старшаго хоронятъ, а мальчикъ несётъ образъ.

Старшихъ проводитъ: за то самъ ростётъ.

Какъ подростутъ дѣти, станутъ считать года. Кому двѣнадцать годовъ, а подавно, кому четырнадцать, это ужъ дѣти бо́льшенькія, дѣти старшія.

КАКІЯ ПѢСНИ ВЪ ЭТОЙ КНИЖКѢ:

СТРАНИЦЫ.

1.

Баю, 1, 2 ..... 1—6
Ладушки, 3 7
Сорока, 4—7 .. 8—11
Гуси летѣли, 8 ... 12
Груздокъ, 9 12
Вышла кошка, 10. 13
Дыбокъ, 11 13

2.

Дожжикъ пуще,.....
12............... 14
Радуга, 13. 14 ... 14
Дожжикъ перестань,
15, 16 15
Пастушокъ, 17, 18,
19 ...... 16—18

3.

Пѣтушокъ, 20, 21 .. 19
Котикъ, 22 20
Бубенъ, 23 21
Рыжикъ, 24 22
Груздокъ, 25 22
Тетка, 26 23
Татарки, 27 24

24 ... Шапка, 28.
25 ... Драганъ, 29.
25 ... Муха, 30.
26 ... Воронъ, 31.
26 ... Кони, 32.
26 ... Кошкинъ
      домъ, 33.
27 ... Жучій домъ, 34.
27 ... Овечушка
      ялова, 35.
28 ... Тараканъ, 36.
28 ... Тарасъ, 37.
29 ... Дядюшка Да-
      нила, 38.
29 ... Калачи, 39.
30 ... Ватрушки, 40.
31 ... Вари кани-
      цу, 41.
31 ... Тонаны, 42.
32 ... Сёмъ, 43.
32 ... Кабы былъ
      топорокъ, 44.
33 ... Кабы щей, 45.

4.

34 ... Журавель, 46.

СТРАНИЦЫ.

Сѣръ медвѣдь, 47... 35
Ульяна, 48 36
Ѣхалъ нашъ Данила, 49 37
Мыши, 50 37
Галка копалка, 51 .. 38
Чорная галка, 52. 39

5.

На спросъ отвѣтъ, на рѣчь привѣтъ, 53... 40—47
Пить, ѣсть, 54... 48
Лѣчиться, 55 49
Счётъ, 56, 57. 49—50
Азъ, буки, 58 ... 51
Сказать тебѣ сказочку, 59, ... 52

6.

Гори жарко, 60... 53
Въ горбу, 61 54
Носъ, 62 54
Курилка, 63 57
Кулю баба, 64 ... 58
Рѣпка, 65 59

61 ... Куклы, 66, 67, 68, 69. 70, 71.
66 ... Макъ, 72.
67 ... Волкъ, 73.
69—74 ... Чередъ: Ѳомка, Чичеръ, Заяцъ, Мѣсяцъ, Яблочко, 74, 75, 76, 77.
75 ... Колязинской, 78.
75 ... Господа бояре, 79.

7.

77—80 ... Припѣвы, 80.

8.

82 ... Козёлъ и Волкъ, 81.
84 ... Козёлъ, Заяцъ, Лиса, Волкъ, 82.
88 ... Свинушка, Волчище, 83.
89 ... Сова богатая, 84.
93 ... Сова бѣдная, 85.
97 ... Блоха, 86.
99 ... Воробей, 87.

СТРАНИЦЫ.

Воробей и Сова, 88 101
Синица и Сова, 89 102
Синичка и Снигирь, 90 103
Грибы, 91 105
Пирожки, 92 107
Хлѣбы, 93 108

9.

Пѣтушокъ, Лиса, Котъ, 94 111
Козлятушки, 95 .. 115
Медвѣдь скрипу и Баба, 96 ... 119
Алёнушка, 97 ... 121
Теремокъ, 98 ... 125
Колобокъ, 99 ... 129

10.

Коза, лубяные глаза, 100 136
Коза съ орѣхами, 101 139
Домикъ, 102 144

148 ... Курка бѣдокурка, 10.
152 ... Вдовушка, 104.
156 ... Братцы, 105.
160 ... Чечоточка, 106.
163 ... Чечотушка, 107.
165 ... Заенька, 108.
167 ... Селезень, 109.

11.

172 ... Далигойда, 110.
174 ... Зайчикъ, 111.
175 ... Бобёръ, 112.
177 ... Конопель, 113.
180 ... Корабь, 114.
182 ... Сайка, 115.
183 ... Козликъ, 116.
185 ... Комаръ, 117.
186 ... Кисель, 118.

12.

191 ... Горѣлки, 119.
193 ... Огарушекъ, 120.

СТРАНИЦЫ.

Коршунъ, 121..	195	13.	
Хрѣнъ, 122....	197	Загадки, 130...	218
Рѣдька, 123....	202	14.	
Макъ, 124......	203	Сказка, 131....	229
Гуси, 125......	205	15.	
Селезень, 126...	207		
Воронъ, 127.....	209	Пѣсни Обрядныя,	
Зоря, 128......	212	132—150. Семикъ,	
Ярка, Ерошка, 129.........	213	Коляда, Масляница ...... 232—253.	

Ошибки въ печати.

Страница 55, № 62, строка 3-я сверху: «Гду» читай «Гдѣ.»—Стран. 88, № 83, строка 2-я сверху: «Быба» читай «Была».—Стран. 129, № 99, строка 7-я сверху: «сажаютъ» читай «валяютъ.»

Все, что въ этомъ изданіи является первый разъ или съ разнорѣчіями и отмѣнами доселѣ неизвѣстными, въ текстѣ, нотахъ и рисункахъ, не можетъ быть перепечатано, безъ особаго согласія трудившихся здѣсь, ни цѣликомъ, ни частями, въ другихъ дѣтскихъ книгахъ и всякихъ хрестоматіяхъ: о чемъ покорнѣйше просимъ гг. издателей и издательницъ сихъ послѣднихъ, во избѣжаніе непріятныхъ разбирательствъ.

П. Безсоновъ съ сотрудниками.

Одобрено Цензурой. Москва. Апрѣля 2-го 1868 года.

МОСКВА.
Въ Типографіи Бахметева.
1868.

www.ingramcontent.com/pod-product-compliance
Lightning Source LLC
Chambersburg PA
CBHW080512090426
42734CB00015B/3034